D1928362

GÜTERSLOHER TASCHENBÜCHER

GTB 650

Georg Schwikart

Geboren 1964 in Düsseldorf, verheiratet, zwei Kinder, Studium der Religionswissenschaft und Theologie, Dr. phil.; lebt als Publizist und Schriftsteller in St. Augustin bei Bonn; zahlreiche Veröffentlichungen – Sachbücher und Belletristik – für Kinder, Jugendliche und Erwachsene.

Georg Schwikart

BASIS

# Christentum

WISSEN

Gütersloher Verlagshaus

Originalausgabe

Die Deutsche Bibliothek – CIP-Einheitsaufnahme

Schwikart, Georg: Christentum / Georg Schwikart. –
Gütersloh : Gütersloher Verl.-Haus, 2000
(Gütersloher Taschenbücher ; 650 : Basiswissen)
ISBN 3-579-00650-9

ISBN 3-579-00650-9


Umschlaggestaltung: INIT, Bielefeld
Satz: Fotosetzerei Steggemann, Herford
Druck und Bindung: Těšínská Tiskárna AG, Český Těšín
Gedruckt auf chlorfrei gebleichtem Werkdruckpapier

Printed in Czech Republic

# Inhalt

## Die Feste im Lebenslauf



## Das Kirchenjahr



## Persönlichkeiten des Glaubens

# Vorwort

Über alle Grenzen der Rassen und Nationen hinweg stand und steht das Christentum allen Menschen offen. Man kann vom Christentum halten, was man will: Es hat wie kein anderer Faktor die westliche Zivilisation in ihrem Denken und Handeln, ihrer Kunst und Moral, ihren Rechtsvorstellungen, kurz: ihrer Entstehungs- und Wirkungsgeschichte geprägt. Wer begreifen will, wie die Welt zu dem wurde, was sie ist, muß sich mit dem Christentum auseinandersetzen.

Nun haben auch die alten Griechen und Römer Einfluß bis in die Moderne. Doch ihre religiösen Systeme sind tot, kein Mensch mehr auf der ganzen Welt streut dem Jupiter Weihrauch in die Glut oder singt der Demeter Hymnen. Die Religion aber, die sich nach Jesus von Nazaret benennt (ob zu Unrecht oder nicht, sei dahingestellt), gibt sich lebendig. Zwar prophezeien Essayisten fortschrittlicher Wochenblätter regelmäßig das Ende dieser Religion, aber das Faktum, daß etwa ein Drittel der Weltbevölkerung sich zum Christentum bekennt, darf nicht aus den Augen verloren werden. Obwohl sich in Europa – dem einstmal »christlichen Abendland« – die Kirchenaustritte jährlich zigtausendfach häufen, nimmt die Gesamtzahl der Christen durch das Bevölkerungswachstum in der südlichen Erdhalbkugel immer noch zu.

Dieses Bändchen möchte Einblick gewähren in Glaube, Bibelverständnis und Geschichte des Christentums, aber auch in den Alltag der Christen. Der ausgewählte Abriß der »Weltkultur Christentum« wendet sich an jene, die knappe Grundinformationen suchen. Das können sowohl interessierte Anhänger anderer Religionen sein, wie auch Christen, die sich ihres eigenen Glaubens vergewissern wollen.

Sankt Augustin, im November 1999 *Georg Schwikart*

Religion

Theologie

# Der Glaube

Gott

Jesus Christus

Heiliger Geist

Ethik

Himmel und Hölle

Theodizee

Der Begriff »Religion« ist schwer zu fassen, da es zu allen Zeiten und in allen Kulturen Religion gab, jedoch immer mit unterschiedlichen Ausformungen. »Religion« steht für die Auseinandersetzung und Beschäftigung mit den Grundfragen der Menschen: »Wer bin ich? Woher komme ich? Warum lebe ich? Was soll ich tun? Wie kann mein Leben gelingen – über den Tod hinaus?« Das sind Fragen nach dem Überweltlichen, dem Göttlichen, dem, was heilig ist. Wo es aber Heiliges gibt, gibt es auch Profanes: Was nicht zum heiligen, göttlichen Bereich gehört, das ist »profan«: also weltlich, alltäglich, ungeweiht. Das lateinische Wort »profanus« heißt: »vor dem heiligen Bezirk (»fanum«) liegend«. Wer die Welt so einteilt, muß auch Hilfestellungen geben, wie man sich in beiden Bereichen zurechtfinden kann. Der Ursprung des lateinischen Wortes »religio« ist nicht eindeutig nachzuweisen: Manche leiten es von »religari« ab, was »Rückbindung« bedeutet; andere erklären es aus »relegere«, was »sich oft hinwenden, gewissenhaft beobachten« heißt.

Das ganze Leben ist von einer Zufälligkeit geprägt, die schwer zu akzeptieren ist. Die Palette der Möglichkeiten dessen, was alles geschehen kann, scheint unendlich. Dagegen ist alles Können, alles Wissen des Menschen begrenzt. An diesem Punkt setzt die Religion an: Sie stiftet dem, was ist, einen Sinn, – der Welt und dem Leben insgesamt. Sie vermittelt aus der Unzahl der möglichen Verhaltensweisen und Verstehensmuster eine sinnvolle Auswahl. Religionskritiker, wie *Ludwig Feuerbach* (1804–1872), mutmaßten daher: »*Wenn der Tod nicht wäre, gäbe es keine Religion.*«

Das Christentum ist die größte religiöse Bewegung in der Geschichte der Menschheit: 1,75 Milliarden Anhänger werden derzeit geschätzt. Damit ist knapp ein Drittel der Weltbevölkerung christlich. Sie existieren über alle Länder der Erde verstreut, die Mehrheit aber lebt auf der südlichen

Erdhalbkugel. Was jedoch hat ein New Yorker Quäker mit einem Orthodoxen in Sibirien gemein? Was verbindet einen Mormonen im brasilianischen Urwald mit einem Anglikaner in Sydney? Was hat ein Kimbanguist am Kongo mit einem Salutisten in Stockholm zu tun?

Aus einer Innenperspektive werden die jeweiligen Gläubigen kaum Gemeinsamkeiten entdecken können. Von einer Außenperspektive erst sind die Übereinstimmungen offensichtlich: nämlich Welterklärung, Denken und Handeln aus einer christlichen Kultur heraus. Will man grundsätzlich über die Geschichte der Christen reden oder über ihren Glauben, ihre Bräuche und alles, was mit ihnen zu tun hat, so spricht man vom »Christentum«. Kein einheitlicher Block ist das, aber ein kommunizierendes System. In Kamerun trägt das Christentum ein anderes Gesicht als in Korea, selbst in Altötting unterscheidet es sich von Köln oder Cottbus. Grundsätzlich ist also mit Vorsicht von »dem« Christentum oder »den« Christen zu sprechen. Es gilt zu fragen, was all die unterschiedlichen Christen verbindet.

Im Mittelpunkt der christlichen Lehre steht der Glaube an den Einen Gott, der die Welt und die Menschen erschaffen hat. Die Menschen aber entfernten sich durch ihre Egozentrik von ihrem Schöpfer. Ein Abgrund tat sich auf. Versöhnung zwischen Mensch und Gott erreichte der Opfertod Jesu Christi. Damit wurde der Tod an sich besiegt, auch die Sünde – jenes Tun, das einen Menschen von Gott entfernt und trennt. Der Keim zur Sünde aber vererbt sich durch die Generationen. Wie steht der Mensch vor Gott da? Wie kann er sich rechtfertigen? Muß er gute Taten vollbringen, um sich das Heil zu verdienen? Oder bekommt er es geschenkt aus Gnade? – Darüber stritten Generationen von Christen.

Christen glauben, daß Gott durch Jesus von Nazaret in einzigartiger Weise gesprochen und gehandelt hat, so daß die Menschen in ihm Gott begegnen können. Er ist der Sohn Gottes von Anbeginn der Welt an, war aber auf Erden trotz seiner Göttlichkeit ein Mensch wie alle anderen: geboren von einer Frau und sterblich. Zusammen mit Gott, dem Vater, und dem Heiligen Geist gehört er zur Dreifaltigkeit des Einen Gottes. Jesus von Nazaret lebte vor etwa 2.000 Jahren in Palästina, dem damals von den Römern besetzten Land Israel. Er und seine ersten Anhänger waren Juden, ganz in der Religion ihrer Väter und Mütter verwurzelt. Von Jesu Leben, seiner Predigt von der Liebe Gottes zu allen Menschen, von seinem Leiden und Sterben, schließlich seiner Auferstehung von den Toten, geben die Evangelien Zeugnis, Schriftwerke, die auf mündlicher Überlieferung beruhen und sämtliche Jahrzehnte nach Jesu Tod von Autoren verfaßt wurden, die ihn nicht persönlich gekannt haben. Die Evangelien (griechisch für »Frohe Botschaft«) bilden den Hauptteil des Neues Testamentes, der Heiligen Schrift der Christen. Darin finden sich auch Berichte über die Ausbreitung der ersten Gemeinden und Pastoralbriefe der Apostel, vor allem des Paulus.

Paulus gilt als der erste Theologe der Christenheit. Denn er bemühte sich, die verschiedenen Zeugnisse des Glaubens zu systematisieren, sie auf dem Grund des jüdischen Glaubens und der Aussagen der Hebräischen Bibel (dem »Alten [oder Ersten] Testament«, wie die Christen sagen) zu harmonisieren und schließlich diese neue Religion den benachbarten Kulturen seiner Zeit verständlich zu machen. Dieser Prozeß wurde durch die Jahrhunderte weiterverfolgt.

Die Theologie (»Lehre von Gott«) hat immer wieder versucht, den Sinn der Schrift zu durchdringen und die Ereignisse der Zeit im Lichte des Glaubens zu verstehen. Das führte zu verschiedenen, sich mitunter widersprechenden Interpretationen, was schon früh zu kleinen konkurrierenden Glaubensgemeinschaften, später zu Kirchenspaltungen führte. Heute ist das Christentum in vielerlei Gruppierungen aufgeteilt, die grob in die katholische, die protestantische und die orthodoxe Konfession geordnet werden können. Davon verfügt aber jede wiederum über zahlreiche

Richtungen. Allen gemeinsam ist jedoch das Bekenntnis, daß Jesus der Christus ist, der Gesandte Gottes, sein Messias, der alle Menschen zum Heil erlösen wird.

Die Geschichte des Christentums ist eng verflochten mit der Historie Europas. Staatliche Macht wurde christlich legitimiert, Kriege in Gottes Namen geführt, andere Teile der Welt kolonisiert und gleichzeitig missioniert. Mit dem Übergang vom Mittelalter zur Moderne verlor das Christentum an Gewicht. Das Samenkorn der Aufklärung trug seine Früchte, was heute an der weithin fortgeschrittenen Säkularisierung offenkundig ist: Zwar sind viele Bereiche christlich geprägt, der Anteil bekennender Gläubiger läßt aber rapide nach. Dennoch sind in Europa mehr als die Hälfte aller Menschen getauft, die christlichen Kirchen sind daher immer noch die dominierende Religion in Europa. Wohl aber hat diese Religion mit einem gewaltigen Bedeutungsverlust zu kämpfen, den sie noch nicht verarbeitet hat.

## Theologie

Wer Aussagen über Gott macht, betreibt bereits »Theologie«. Das Wort bedeutet übersetzt »die Lehre von Gott« (aus griechisch »theos« = Gott und »logos« = Wort, Lehre). Im engeren Sinn meint Theologie jedoch die Wissenschaft, die sich mit Gott beschäftigt. Im Christentum wird sie traditionell in vier Hauptbereiche unterteilt: Bibelwissenschaft, Kirchengeschichte, Dogmatik und Praktische Theologie. Theologie setzt auf die Grundlagen der Offenbarung und der Tradition. Offenbarung meint: Das Göttliche gibt sich den Menschen zu erkennen – in Botschaften für Auserwählte, in der Natur, in Heiligen Schriften, in exemplarischen Menschen, in besonderen Ereignissen und auf anderen Wegen. Unter Tradition ist die Überlieferung zu verstehen, wie eine Sache früher gemacht oder gesehen wurde (aus lateinisch »traditio« = Brauch, Überlieferung). Für die Religionen sind Traditionen wichtig, weil sie Dinge regeln, die den Alltag betreffen, aber in den Heiligen Schriften nicht behandelt sind. Aufgabe der Theologie ist, das Geheimnis Gottes im Lichte der Offenbarung und der Tradition zu deuten: Dabei ist die Einmaligkeit des göttlichen Handelns zu berücksichtigen, die Erfahrungen aller vorausgegangener Theologen und die aktuelle Situation der Menschen in den Grenzen von Zeit und Raum.

Die theologischen Ansätze sind vielschichtig, vor allem im Protestantismus, der nicht – wie der Katholizismus – ein strenges kirchliches Lehramt kennt. Jede Epoche versucht zu begreifen, was unter »Gott« zu verstehen ist. Wenn auch jede theologische Äußerung vorläufig ist, so haben manche doch allgemeine Anerkennung gefunden und sich als verbindlich durchgesetzt: Das sind die Dogmen, die Glaubensgrundsätze. Theologie ist dem Wandel der Zeiten unterworfen: Zeitgenössische Geistesströmungen finden auch im theologischen Denken ihren Widerhall. So entwickelte sich nach der Niederlage des 1. Weltkrieges, die für den national- und fortschrittsorientierten Protestantismus schwer zu verkraften war, die »Dialektische Theologie«: Danach herrscht eine Spannung zwischen der Jenseitigkeit und Souveränität Gottes einerseits und der Diesseitigkeit und Relativität des Innerweltlich-Menschlichen andererseits. Zu dem Gott, der »senkrecht von oben« komme, könne der Mensch gar nicht sprechen – ihn also auch nicht für seine Pläne einspannen (»Gott mit uns«). In den sechziger Jahren versuchte die »Gott-ist-tot-Theologie« dem Gefühl der Abwesenheit Gottes Raum zu geben, in dem man sich der Auslegung des Menschen zuwandte und »Christus als mitmenschliches Ereignis« deutete. Dagegen begriff die »Befreiungstheologie« Christus als politischen Faktor: Im Elend Südamerikas entwickelt, bindet diese Lehre von Gott die religiöse Befreiung des Menschen an seine irdische, also an eine verbesserte Lebenssituation schon hier und jetzt. Eine zeitgenössische Variante ist die »Feministische Theologie«. Sie versteht sich als eine Theologie »von Frauen für Frauen«. Gott ist zwar weder Mann noch Frau, doch in der Kirche haben über Jahrhunderte hinweg Männer den christlichen Glauben geprägt. »Feministische Theologie« untersucht vor allem, welche Rolle Frauen in der Bibel, der Kirche und der Gesellschaft zukommt. Sie will die »weibliche Seite« Gottes deutlich machen und die Sichtweisen und Anliegen von Frauen zur Geltung bringen.

## Gott

Das Christentum gründet auf dem Glauben an den Einen Gott. Eine solche Vorstellung nennt man Monotheismus. Auch Judentum und Islam sind monotheitische Religionen. Der Begriff setzt sich zusammen aus den griechischen Begriffen »monos« = eins, allein und »theos« = Gott. Dieser Eine Gott wird als eine unendliche und überweltliche Macht verstanden, die Züge einer »Person« trägt, nämlich über Willen, Gefühle und Vernunft verfügt. Der Gott, an den die Christen glauben, ist allmächtig und allwissend. Er hat die Welt erschaffen und nimmt Anteil an ihrem Lauf, indem er in den Gang der Geschichte hineinwirkt. Von den Menschen läßt sich Gott in Gebet und Kult ansprechen. Gott wünscht das Heil der Menschen, deren Ziel es ist, zu ihm zu kommen. Gott ist nie von einem Menschen gesehen worden und doch verborgen überall gegenwärtig. Der biblische Gottesname »Jahwe« – etwa zu übersetzten mit: »Ich bin der Ich bin da« – spielt im christlichen Alltag keine Rolle. Geläufiger ist die Gleichsetzung Gottes mit der Liebe: *»Gott ist die Liebe und wer in der Liebe bleibt, bleibt in Gott, und Gott bleibt in ihm.« (1. Joh 4,16b).*

Der Gott der Christen läßt sich ansprechen. Die Religionen, die einen Gott oder viele Götter verehren, pflegen im »Kult« Umgang mit den verehrten Wesen. In den – meistens festgelegten – Gebeten und Handlungen wird aus den heiligen Schriften gelesen oder es werden Opfer vollzogen. Das lateinische Wort »cultus« bedeutet »Pflege«. Der Kult in den christlichen Kirchen ist die »Liturgie«; damit wird alles das bezeichnet, was mit dem Gottesdienst zu tun hat: seine Feier, seine Ordnung, seine verschiedenen Formen. Es gibt liturgische Personen (Pfarrer), liturgische Bücher, Gegenstände, Kleidung, eine liturgische Sprache usw. Das Wort kommt vom griechischen »Liturgia« und heißt wörtlich übersetzt etwa: »Werk für das Volk, Leistung für den Staat, Dienst des Priesters«. In der Liturgie werden Rituale gefeiert, also Handlungen, die nach einer bestimmten Vorschrift vollzogen werden und so auch immer in gleicher Weise wiederholt werden können. Das lateinische Wort »ritus« bedeutet »religiöser Brauch«. Rituale werden zu allen möglichen Anlässen vollzogen: zu Geburt, Erwachsenwerden, Heirat und Tod. Es gibt tägliche oder wöchentliche Rituale, Rituale im Lauf des Jahres und zu besonderen Gelegenheiten.

Die unmittelbarste Begegnung mit Gott stellt das Gebet her: Die Anrede Gottes mit Worten und Gebärden (Hände falten, Hände ausbreiten, Niederknien, usw.). Das Gebet kann aus einzelnen Sätzen oder Wörtern, aus langen festgelegten Texten oder der freien Rede bestehen. Gläubige beten allein oder in Gemeinschaft, zu festgelegten Zeiten oder vollkommen ungebunden, häufig in Verbindung mit Kulthandlungen (Gottesdienst). Alle Anliegen des Menschen können in das Gebet einfließen: Verehrung Gottes, Lob, Dank, Bitte, Klage. Eine spezielle Form der Kommunikation mit Gott ist die Mystik, die Versenkung in Gott, die verschiedene Formen hat – vom Schweigen bis zur Ekstase.

Gott wird im Christentum oft mit dem Bild des »Vaters« umschrieben. Auf dem gesellschaftlichen Hintergrund der Welt von heute Gott *Vater* zu nennen ist nicht unproblematisch. In der Geschichte des christlichen Glaubens wurden Gott viele Titel gegeben. »Herr« oder »König« drücken dabei die herrschenden, »Richter« und »Retter« die erziehenden, »Hirte« und »Schöpfer« schließlich die fürsorglichen Eigenschaften Gottes aus. Autorität, Pädagogik und liebevolle Zuwendung finden einen angemessenen Ausdruck in der Zusammenfassung »Vater« – zwischen einem unberechenbaren Willkürgott und einem sentimental-harmlosen »lieben Gott«.

Die jüdische Tradition der monotheistischen Religionen hat sich zunächst mit dem Vatertitel schwergetan. Für die außerisraelischen Völker waren die Götter nämlich Väter im geschlechtlichen Sinn. Sie zeugten Nachkommen und vermehrten so die Göttlichkeit. Davon mußte sich Israel, dem Einen Gott verpflichtet, abgrenzen. Nach der einschneidenden Glaubenserfahrung des Auszugs aus Ägypten allerdings nannte sich das Volk Israel selbst »Sohn Gottes«, den Erstgeborenen. Später bekam auch der König diesen Ehrentitel. Und wo ein Sohn ist, da muß es einen Vater geben. In den Schriften der Bibel finden sich Belege für die Titulierung Gottes als Vater. In der Liturgie der Synagoge taucht die Formulierung »unser Vater« als Gebetsruf auf. Die Anrede Gottes als Vater ist also nicht spezifisch christlich. Für die Verhältnisse seiner Zeit war aber anscheinend doch das Wort »Abba« aus dem Munde des Jesus von Nazaret unerhört neu, für Konservative geradezu empörend. Es bedeutet nicht nur Vater, sondern noch vertrauter: *Papa!* Diese Intimität hatte bisher keine Parallele. Sie war nicht einfach zu rechtfertigen durch den Aufruf, das Reich Gottes *wie ein Kind anzunehmen* (Mk 10,13f.). Diese Ansprache eines Einzelnen des sonst eher ehrfürchtig »Adonai (der Herr)« oder »Ewiger« genannten Gottes drückt eine einzigartige Beziehung aus: Wenn Jesus der Christus ist, dann ist er der Sohn Gottes und folglich Gott sein Vater. Wenn Christen dem Christus gleichgestaltet sind, seine Schwestern und Brüder also, dann ist Gott der Vater aller, jedes einzelnen, nicht nur der Gemeinschaft als ganzer.

Das Sprechen von Gott als Vater ist eine analoge Aussage, man muß also eher »wie ein Vater« sagen. Der Vater-Begriff gestattet weder die plumpe Annäherung an Gott in falsch verstandener Vertraulichkeit noch die Identifizierung Gottes mit einer Übervaterfigur. Auch wenn es der Verkündigung gelingt, von Gott als einem guten Vater zu sprechen – im Gegensatz zu den realexistierenden zeitgenössisch-irdischen Vätern – so muß sie sich bewußt sein, daß sie mit Metaphern arbeitet. Wird nämlich das *Vater-Bild* überstrapaziert, interpretieren wir Gott zu anthropozentrisch, d.h. zu sehr vom Menschen her. Das führt am Ende zu einer Geschlechtsidentifikation Gottes mit dem Männlichen schlechthin. Das kann nicht Sinn der Sache sein. Der Gott, an den Christen glauben, hat auch weibliche Züge, eine mütterliche Seite – aber Gott ist weder Frau noch Mann. Gott ist Gott. Und die Menschen sind Geschöpfe, die versuchen, ihn über Gleichnisse zu verstehen. Das Bild des Vaters ist eines, das viele Deutungen in sich trägt und steter Interpretation bedarf.

Aufgefordert sind die Gläubigen dazu schon durch den häufigen Gebrauch des Vater-Titels als Gebetsanrede, vor allem im Vaterunser. Dieses Gebet hat für Christen eine ganz besondere Stellung: Es geht, dem neutestamentlichen Zeugnis nach, auf Jesus Christus selbst zurück (vgl. Matthäus-Evangelium 6,9b-13 und Lukas-Evangelium 11,2b–4). Deswegen wird es in jedem Gottesdienst gesprochen und ist darüber hinaus in der Ökumene der Christen aller Konfessionen der Text, der alle vereint. Gläubige aller Zeiten und Kulturen werden diese wenigen Zeilen zu ihren Worten machen können, weil es grundsätzlich gehalten ist:

*»Vater unser im Himmel! Geheiligt werde dein Name. Dein Reich komme. Dein Wille geschehe, wie im Himmel, so auf Erden. Unser tägliches Brot gib uns heute. Und vergib uns unsere Schuld, wie auch wir vergeben unseren Schuldigern. Und führe uns nicht in Versuchung, sondern erlöse uns von dem Bösen. Denn dein ist das Reich und die Kraft und die Herrlichkeit in Ewigkeit. Amen.«*

## Jesus Christus

Von allen Menschen auf der Welt ist den Christen Jesus der wichtigste. Er sagt ihnen viel über Gott. Das Verhältnis von Jesus zu Gott ist so eng, daß die Christen ihn den »Sohn

Gottes« nennen. Jesus selbst nannte Gott seinen Vater. Jesus von Nazaret ist die zentrale Gestalt des Christentums. Doch was wissen wir von ihm? Noch vor 200 Jahren machte man sich in der Welt der Geistesgelehrten ernsthafte Gedanken darüber, ob es einen Jesus wirklich gegeben habe. Die aufkommende Bibelkritik und die ohnehin durch die Aufklärung hoch im Kurs stehende Religionskritik beflügelte die Forscher zu den kühnsten Thesen: Von der kollektiven Hysterie der Jünger, die sich eine Führergestalt erträumt hätten bis zum ausgeklügelten Priesterbetrug (man habe die Jesus-Story frei erfunden) reichten die Vermutungen. Heute hingegen scheint die Frage um die Historizität des Jesus von Nazaret ausgestanden.

Die außerbiblischen Quellen über diesen Mann sind dürftig, und das wenige, was es gibt, ist wahrscheinlich im Nachhinein christlich gefärbt worden. So schreibt im Jahre 93 der zu den Römern haltende Jude *Josephus Flavius* in den »Jüdischen Altertümern«: »*Um diese Zeit lebte Jesus, ein weiser Mensch, wenn man ihn überhaupt einen Menschen nennen darf. Er war nämlich Vollbringer ganz unglaublicher Taten und der Lehrer aller Menschen, die mit Freuden die Wahrheit aufnahmen. So zog er viele Juden, aber auch viele Heiden an sich. Er war der Christus.*« – Es ist davon auszugehen, daß dieses Zitat nicht authentisch ist; ein Jude würde so nicht schreiben. Und auch die sich im Talmud befindenden Stellen, die »Yeshua von Nazaret« erwähnen, sind zu jung, um nicht als Widerhall christlicher Verkündigung angesehen werden zu müssen.

Es bleibt also nur die Bibel als Quelle. Die moderne Wissenschaft hat versucht, seinen Lebenslauf nachzuvollziehen: Die Evangelien enthalten aber keinen historischen Bericht, vielmehr verkünden sie die Frohe Botschaft Jesu Christi. Trotzdem lassen sich wichtige Daten seines Lebens ermitteln. Noch vor der Zeitenwende wurde Jesus wahrscheinlich in Nazaret geboren. Sein Vater war vermutlich Zimmermann oder Bauhandwerker, vielleicht hat Jesus den gleichen Beruf erlernt. Jesus war ein Jude. Er glaubte wie das Volk, dem er angehörte, an den Einen Gott. Von diesem Gott, der die Menschen erschaffen hat, war Jesus begeistert. Und er war über die anderen Leute traurig, die zwar ihre religiösen Pflichten erfüllten, nicht aber eine liebevolle Beziehung zu Gott hatten. Als Jesus 30 Jahre alt war, ging er von seiner Heimatstadt Nazaret weg und zog zu Fuß durch die Lande. Er erzählte den Menschen von Gottes Liebe. Er sagte ihnen auch: »So wie ihr jetzt lebt, könnt ihr nicht Gottes Freunde sein. Ändert euer Leben!« Einige Freunde schlossen sich ihm an. Gemeinsam gingen sie von Stadt zu Stadt und von Dorf zu Dorf. Überall kamen viele Menschen zusammen, um Jesus zuzuhören. So wie er hatte noch niemand von Gott gesprochen. Er deutete die heiligen Schriften der Juden ganz anders, als es bis dahin immer geschehen war. Ihm ging es darum, dem Einen Gott, der die Menschen grenzenlos liebt, einen Platz im Alltag zu verschaffen. Seine Botschaft von Gottes Freundlichkeit verkündete er nicht nur im Gottesdienst. Er tröstete Traurige, heilte Kranke. Er konnte fasten, und er konnte feiern. Er war gern in fröhlicher Gemeinschaft, und er suchte die Einsamkeit, um zu beten. Er diskutierte mit Gelehrten, und er spielte mit Kindern. Er konnte für alle da sein. So strahlte er Glück aus und konnte andere Menschen glücklich machen.

Viele waren begeistert von Jesus, aber es gab auch einige Mächtige, die sich über Jesus ärgerten. Das waren Leute, die meinten, alles über Gott zu wissen. Jesus predigte dagegen, daß man diese Wichtigtuer nicht nötig habe, um Gottes Freundlichkeit zu erfahren. Die beleidigten Machthaber fürchteten um ihren Einfluß. Sie planten schließlich, Jesus umzubringen. Zur Zeit, als Jesus lebte, war sein Land von den Römern besetzt. Römische Soldaten waren überall und stellten die Herrschaft des Kaisers im fernen Rom dar. Den Besatzern war Jesus unbequem, da sie Angst hatten, er könne einen Aufruhr anstacheln. Den religiösen Führern damals war Jesus ein Dorn im Auge, da sie um ihr Ansehen bei den Menschen bangten. So kam es, daß

Jesus an einem Kreuz umgebracht wurde. Es geschah an einem Freitag im Frühling in Jerusalem. Jesus war etwa 33 Jahre alt. Viele der Freunde Jesu waren nach seinem Tod sehr enttäuscht: Sie hatten in ihm einen politischen Anführer gesehen, gehofft, er würde das Land von den Römern befreien. Es dauerte eine ganze Zeit, bis sie den Tod ihres Idols interpretieren konnten.

Nach christlichem Verständnis hat Jesus sein Leben geopfert, um alle Menschen zu erlösen. Er war wie der »Sündenbock«: Im alten Israel war es üblich, daß der Hohepriester an Jom Kippur (dem Versöhnungstag) einem Bock symbolisch die ganzen Sünden des Volkes auflud. Das Tier wurde dann in die Wüste geschickt und mußte dort sterben – die Israeliten galten dadurch als gereinigt von Schuld. Die Vorstellung des »Sündenbocks«, der stellvertretend die Schuld sühnt, ist von den Christen auf Jesus von Nazaret übertragen worden, der als »Lamm Gottes« die Sünden der Menschheit am Kreuz sühnte. War mit Jesus auch seine Frohe Botschaft gestorben? Christen glauben, daß Gott seinen Sohn vom Tod auferweckt hat. Bei der Auferweckung war keiner dabei. Aber manche der Freundinnen und Freunde haben Jesus lebendig gesehen. Ihnen vertrauen die Christen bis auf den heutigen Tag. Sie sagen: Jesus lebt! Christen sind überzeugt: Jesus ist der Messias, den Gott versprochen hat. Der Messias ist einer, an dem Menschen erkennen können, wer Gott ist und was Gott will. Das griechische Wort dafür heißt Christus. So ist sein Name schon ein Glaubensbekenntnis. Jesus ist der Christus.

Der große evangelische Theologe *Karl Barth* sagte einmal: *»Was wir von Jesus wissen, geht auf eine Postkarte.«* Will sagen: Das gesicherte Wissen ist gering. Der Glaube aber ist groß. Und was von Jesus geglaubt wird, füllt Bibliotheken. In welchem Verhältnis Jesus zu Gott steht, darüber diskutierte die Theologie lange. War Jesus ein Mensch? Oder Gott? Oder beides? Hat der »Vater« den Menschen Jesus als »Sohn« adoptiert? Oder war der irdische Jesus nur eine verdeckte Erscheinungsform des Vaters? Und auch wenn Jesus göttlich ist: Steht der Vater nicht über dem Sohn?

Das Ringen um den rechten Glauben kam zu dem Schluß: Christus war immer bei Gott, also schon vor Erschaffung der Welt. Jesus Christus ist »gezeugt« von Gott, also von der gleichen Art wie er, nicht aber von Gott geschaffen wie der Mensch. Die theologische Formel sagt: Der Christus ist nicht wesensähnlich mit Gott, sondern wesensgleich. Das Fachwort für seine ewige (im Sinne von zeitlose) Existenz ist »Präexistenz« (Vorherdasein): gebildet aus lateinisch »prae« = vor und »existentia« = Dasein. Jesus ist ganz Gott und ganz Mensch. Er ist eine Union – eine Person in zwei Naturen. Menschheit und Göttlichkeit sind in seiner Person »unvermischt und ungetrennt«. Die Wissenschaft unterscheidet zwischen dem »historischen Jesus« und dem »Christus des Glaubens«. Daß Jesus von Nazaret gelebt hat, wird heute kaum noch ernsthaft bestritten. Für was man ihn aber hält - das ist eine Frage des Glaubens.

## Heiliger Geist

»Geist« – mit diesem Wort bezeichnen wir in der Alltagssprache ganz unterschiedliche Dinge vom Schloßgespenst bis zu dem, was mit dem Kopf, den Gedanken getan wird. Im religiösen Sprachgebrauch ist der Geist die Kraft, die von Gott Vater und Gott Sohn ausgeht. Die Tradition nennt diesen Geist den »Geist Gottes«, den »Geist des Herrn« oder am häufigsten den »Heiligen Geist«. Christen glauben, diesen Geist könne man nicht sehen, riechen, schmecken, fühlen, hören. Was er aber bewirkt, das sei spürbar: Er macht, daß die Menschen Gutes tun. In verschiedenen Bildern versuchten die Christen immer wieder, den Heiligen Geist darzustellen: als Feuer und Flamme, die alles entzündet; als Taube, die vom Himmel herabkommt; als Wind und Sturm, der alles bewegt; als Atem, der lebendig macht.

Die Bibel erzählt: Zu Beginn der Schöpfung, da war Gottes Geist schon da. Vor allem »begeistert« er Menschen: Der Geist Gottes rührt Menschen an, verändert sie, macht sie bereit, durch ihren Glauben Großes zu tun. So schenkte der Heilige Geist Abraham und Moses Vertrauen, sich ganz auf Gott zu verlassen. Er gab den Propheten Mut, von Gott zu erzählen. Der Mensch, der ganz besonders von Gott begeistert war, war Jesus Christus. Als seine Mutter Maria noch mit ihm schwanger war, kam der Heilige Geist über sie. Als Jesus vom Täufer Johannes im Jordan getauft wurde, erfüllte ihn der Heilige Geist. Als Jesus den Menschen von Gott erzählte, daß er es mit allen gut meint und sie liebt, da sprach der Heilige Geist aus ihm. Jesus versprach seinen Freunden den Heiligen Geist: Er solle sie trösten, wenn er nicht mehr da sei, er solle ihnen Mut und Stärke geben, das zu tun und zu sagen, was Jesus ihnen aufgetragen habe. Nach christlichem Glauben schenkt der Heilige Geist diese Gaben: Weisheit, Einsicht, Rat, Erkenntnis, Stärke, Frömmigkeit und Gottesfurcht.

Das Fest des Heiligen Geistes – Pfingsten – ist der Gegenpol zum Turmbau zu Babel. Die Bibel erzählt dazu eine Geschichte. Die Menschen wollten sein wie Gott. Sie wollten bewundert werden wegen ihrer Stärke. Sie fingen an, einen Turm zu bauen: höher, immer höher, bis in den Himmel hinein. Gott sah den Menschen den Hochmut an. Dann verwirrte er ihre Sprache. Vorher hatten sich alle verstanden, nun redeten (»babbelten«) sie unverständlich durcheinander, und sie konnten sich einander nicht mehr verstehen. Ohne gemeinsame Sprache gab es keine Gemeinschaft. Daraufhin wandten sich die Menschen voneinander ab, sie zerstreuten sich über die ganze Erde. Epochen später kamen von überall her Leute nach Jerusalem: Männer und Frauen aus Israel, aus Ägypten und Arabien, aus Rom und Libyen, von der Insel Kreta und vielen anderen Ländern redeten in ihren verschiedenen Sprachen durcheinander. Es fiel schwer, sich gegenseitig zu verstehen. Aber an jenem Pfingstfest passierte etwas Außergewöhnliches. Zunächst hatten sich die Freunde von Jesus versteckt. Sie hatten Angst, vor allen von ihrem Glauben an Jesus zu sprechen. Doch dann kam der Heilige Geist über sie. Heiß und lodernd wie Feuer war das, sie wußten gar nicht, was da geschah. Aber plötzlich war ihre Furcht verschwunden, mutig traten sie auf den Marktplatz und konnten von ihrem Vertrauen berichten. Und da sprachen sie auf einmal in den verschiedenen Sprachen. Alle konnten sie verstehen. Alle waren eine große Gemeinschaft geworden.

Im Christentum wird der Heilige Geist als »göttliche Person« verehrt. Gott Vater, Gott Sohn (Jesus Christus) und der Heilige Geist bilden gemeinsam die Dreifaltigkeit. Nach christlichem Dogma ist Gott ein Wesen in drei Personen. Was mit dem Verstand nicht zu fassen ist, bildet die Grundlage der Gottesvorstellung. »Im Namen des Vaters und des Sohnes und des Heiligen Geistes« werden die Christen getauft; in diesem Namen beginnen und enden die Gottesdienste. Lange Zeit wurde streng definiert, was Christen glauben müssen, um dazu gehören zu dürfen; wer sich dem amtlich vorgeschriebenen Glauben widersetzte, lief Gefahr, ausgeschlossen zu werden. Die in Worte gegossenen Dogmen waren aber auch ein Instrument, den Glauben über die Jahrhunderte weiterzugeben. Noch heute wird in den christlichen Gottesdiensten das Glaubensbekenntnis aus dem Jahre 381 gesprochen, wenngleich sein Inhalt in unseren Tagen auch anders interpretiert werden mag, als seinerzeit bei der Verlesung auf dem Konzil von Konstantinopel:

*»Wir glauben an den Einen Gott, den Vater, den Allmächtigen, der alles geschaffen hat, Himmel und Erde, die sichtbare und die unsichtbare Welt. Und an den einen Herrn Jesus Christus, Gottes eingeborenen Sohn, aus dem Vater geboren vor aller Zeit: Gott von Gott, Licht vom Licht, wahrer Gott vom wahren Gott, gezeugt, nicht geschaffen, eines Wesens mit dem Vater; durch ihn ist alles geschaffen. Für uns Menschen und zu unserem Heil ist er vom Himmel gekommen, hat Fleisch angenommen durch den Heiligen Geist von*

*der Jungfrau Maria und ist Mensch geworden. Er wurde für uns gekreuzigt unter Pontius Pilatus, hat gelitten und ist begraben worden, ist am dritten Tage auferstanden nach der Schrift und aufgefahren in den Himmel. Er sitzt zur Rechten des Vaters und wird wiederkommen in Herrlichkeit, zu richten die Lebenden und die Toten; seiner Herrschaft wird kein Ende sein. Wir glauben an den Heiligen Geist, der Herr ist und lebendig macht, der aus dem Vater und dem Sohn hervorgeht, der mit dem Vater und dem Sohn angebetet und verherrlicht wird, der gesprochen hat durch die Propheten, und die eine, heilige, katholische/christliche und apostolische Kirche. Wir bekennen die eine Taufe zur Vergebung der Sünden. Wir erwarten die Auferstehung der Toten und das Leben der kommenden Welt. Amen.«*

## Ethik

Ethik oder Moral, das ist die Sittenlehre, die den Fragen nachgeht: Was sollen wir tun? Was sollen wir lassen? Christliche Ethik fragt, wie im Lichte der Botschaft Jesu ein »gottgefälliges« Verhalten aussehen und das Leben gestaltet werden kann, damit es für den Einzelnen und für die Gemeinschaft gelingt. Das Dasein wirft eine Unmenge von Fragen auf: Darf ein Mensch einen anderen töten? Wenn ja, unter welchen Voraussetzungen? Wenn nein, wie kann er auf Aggressionen angemessen antworten? Unter welchen Umständen darf ein Krieg geführt werden? Kann es Umstände geben, die Diebstahl oder Lüge erlauben? Wie soll man mit Schuldiggewordenen umgehen? Wie können Menschen Ehe, Familie und Sexualität verantwortlich leben? Welche Rechte stehen jedem zu? Und was kann getan werden, wenn diese Rechte nicht gewährt werden?

Unter der Prämisse, daß der Mensch seiner Freiheit nicht entrinnen kann, sind im Laufe der Jahrhunderte vielerlei theologische Entwürfe entstanden. Die Natur gebe bereits ein natürliches Sittengesetz vor, meinten die Theologen lange Zeit. Die biblische Offenbarung ergänze sie. Nur: Wie sind Natur und Offenbarung zu verstehen? Außerdem waren damit ja nicht alle Schwierigkeiten gelöst; vor allem nicht jene, die aus einer bestimmten Zeit heraus entstanden. Die Bewertung künstlicher Befruchtung oder der Genmanipulierung von Lebensmitteln stand vor zweitausend Jahren noch nicht auf der Tagesordnung. Einige ethische Entwürfe wollen die zu klärenden Fragen ordnen: Individualethik beschäftigt sich mit den Problemen des einzelnen, Sozialethik mit denen der Gesellschaft. Einige Themen – wie die Abtreibung, die Todesstrafe, die Euthanasie – betreffen aber gleichzeitig beide Ebenen.

Immer wieder lag die Versuchung nahe, einem Legalismus zu verfallen, der Idee, für jede ethische Entscheidung stünden feste Regeln zur Verfügung. Die Vielschichtigkeit der Lebenswirklichkeit, die sich nun einmal nicht in ein Regelwerk zwingen läßt, hat die Kasuistik hervorgebracht: ein neues System, das die Ausnahmen von der Regel regelt. Die Gesinnungsethik wertet die Gesinnung höher als die Taten und ihre Folgen (»der gute Wille steht für die Sache«). Die Verantwortungsethik sieht es genau anders herum: Die verantwortbaren Taten sind höher zu bewerten als vielleicht unrealistische Gesinnungen. Nicht aus einem moralischen System, sondern aus einer konkreten Situation heraus will die Situationsethik Entscheidungen treffen. Sie besagt, es gäbe keine absoluten Werte, sondern nur in bestimmten Situationen sei eine Sache gut oder nicht gut.

Die christliche Ethik sieht sich auch in der Verantwortung, für jene die Funktion des Advokaten zu übernehmen, die im ethischen Diskurs keine Stimme haben. Deswegen versucht sie, ihre religiös begründete Moral – beispielsweise die der Zehn Gebote – in allgemein gültige und für jedermann akzeptable Verhaltensregeln zu übertragen. Normen zu finden und zu begründen ist Aufgabe der Ethik. Allgemeine Übereinstimmung gibt es auch innerhalb der Christenheit in nur wenigen Punkten. In den meisten Bereichen ringen die Gläubigen um den rechten Weg, der sich mit dem Glauben in Einklang bringen läßt. Dabei kommen sie bis heute um die Zehn Gebote nicht herum. Nur, wie sie interpretiert und in den Alltag des 21. Jahrhunderts übersetzt werden, das ist stetiger Anlaß für Diskussionen:

*»Dann gab Gott dem Volk seine Gebote. Er sagte: Ich bin der Herr, dein Gott! Ich habe dich aus Ägypten herausgeführt, ich habe dich aus der Sklaverei befreit. Du sollst keine anderen Götter neben mir haben. Du sollst dir kein Gottesbild anfertigen. (...) Wirf dich nicht vor fremden Göttern nieder und diene ihnen nicht. (...) Du sollst den Namen des Herrn, deines Gottes, nicht mißbrauchen (...) Halte den Ruhetag in Ehren, den siebten Tag der Woche! Er ist ein heiliger Tag, der dem Herrn gehört. (...) Du sollst deinen Vater und deine Mutter ehren. Dann wirst du lange in dem Land leben, das dir der Herr, dein Gott, gibt. Du sollst nicht morden. Du sollst nicht die Ehe brechen. Du sollst nicht stehlen. Du sollst nichts Unwahres über deinen Mitmenschen sagen. Du sollst nicht versuchen, etwas an dich zu bringen, das deinem Mitmenschen gehört, weder seine Frau noch seinen Sklaven oder seine Sklavin, sein Rind oder seinen Esel noch irgend etwas anderes, das ihm gehört.« (2. Mose 20,1-17, gekürzt)*

## Himmel und Hölle

Wahrscheinlich war Jesus selbst von einem baldigen Ende der Welt überzeugt. Auch die ersten Christen erwarteten das Ende in naher Zukunft, also noch zu ihren Lebzeiten. Später wurde es in immer weitere Ferne projeziert. Bis heute gehört jedoch das Ende der Zeiten, an dem der Herr wiederkommt, zum Glaubensbekenntnis der Kirche. Dann wird das Gericht stattfinden, Jesus selbst ist Richter. Die Gerechten kommen in den »Himmel«, d. h. zu Gott. Wie es dort sein wird, das umschreibt das Neue Testament nur sehr vorsichtig mit »wie bei einer Hochzeit«. Die Verdammten müssen in die Hölle: Mittelalterliche Phantasien eines feurigen, übelriechenden Folterreiches unter Herrschaft des Satans finden heute kaum noch Anhänger. »Hölle« gilt als Zustand der Gottesferne. Orthodoxe und Katholiken halten ein »Fegefeuer« für möglich, einen Ort der Reinigung nach dem Tode, an dem Buße getan werden kann. Unklar ist, ob das Gericht am Ende der Welt für alle Verstorbenen zur gleichen Zeit stattfindet, oder aber individuell nach dem Tod jedes Einzelnen.

## Theodizee

»Wenn Gott allmächtig und die absolute Liebe ist, wie der christliche Glaube eigentlich besagt – warum gibt es dann all die schlimmen Übel in der Welt?« – So fragen Menschen, die einen Widerspruch sehen zwischen dem guten Gott und der Welt voller Leid. Verschiedene Antworten wurden auf dieses Problem gegeben: Gott schickt die Übel als Strafe oder Prüfung; Gott kann das Leiden nicht verhindern, obwohl er es will – er ist eben nicht allmächtig; Gott liebt die Menschen gar nicht; oder auch: Das Leiden ist so schlimm auch wieder nicht ... »Theodizee« kann übersetzt werden mit: »Rechtfertigung/Verteidigung Gottes«. Die Frage ist: Wie kann Gott sich rechtfertigen angesichts der Leiden in der Welt? Eine Theodizee, die allgemein akzeptiert ist, gibt es nicht. Die Rolle, die die menschliche Freiheit spielt, wird unterschiedlich eingeschätzt.

Eine Bibliothek

Das Alte Testament

# Die Bibel

Das Neue Testament

Das Buch der Bücher

Das Wort »Bibel« kommt vom griechischen Wort »biblion«. Das bedeutet einfach: Buch. Dabei befinden sich in der einen Bibel eigentlich viele verschiedene Bücher, sie ist eine ganze Bibliothek voller Erfahrung: Da gibt es spannende Abenteuergeschichten und Kriegsberichte, Erzählungen von Verbrechern oder von Menschen auf der Flucht, aber auch Liebesgeschichten, Legenden und Familienromane sind dabei. In der Bibel liest man Lieder, Gebete und kluge Weisheiten. Sie enthält Reisebeschreibungen und Anweisungen für den Gottesdienst und vieles mehr.

Eines aber ist die Bibel nicht: ein wissenschaftliches Fachbuch. Sie will nicht Dinge beweisen, die wir heute mit Hilfe der Astronomie, Physik, Biologie oder Psychologie erklären können. Die Bibel ist ein Buch des Glaubens. Sie erzählt Geschichten. Dabei bedient sie sich der Mythen. Ein Mythos ist eine Erzählung, die die Welt und ihre Entstehung verstehen hilft und auf göttliches Eingreifen zurückführt. Ein Beispiel ist die Erzählung von der Erschaffung der Welt. Wir wissen heute, daß die Entstehung der Erde nicht sechs Tage, sondern einige Milliarden Jahre gedauert hat. Der »Mythos« will nicht naturwissenschaftlich erklären, sondern eine religiöse Aussage machen. In diesem Beispiel wäre das etwa: »Gott hat die Welt gut geschaffen« – sie ist kein Zufallsprodukt der Evolution, sie ist nicht sinnlos. Das griechische Wort heißt übersetzt »Rede, Erzählung«. Die sogenannte »Entmythologisierung« innerhalb der Bibelwissenschaft bemüht sich, viele Geschichten der Heiligen Schrift ihres mythischen Ballastes zu entledigen. Christen müssen allerdings gar nicht an Mythen glauben, sondern sind eingeladen, die religiöse Aussagen dieser Texte an sich herankommen zu lassen.

In der Bibel steckt die Erfahrung vieler Menschen. An unterschiedlichen Orten und zu unterschiedlichen Zeiten haben sie sich mit den alten Fragen der Menschheit beschäftigt: Woher kommt alles, was ist? Warum gibt es überhaupt das Leben? Wer hat die Erde gemacht? Warum sind die Menschen so, wie sie sind? Was ist gut, was ist böse? Wie können Menschen und Völker in Frieden miteinander leben? Hat das Leben einen Sinn? Warum müssen Menschen sterben? Wer ist Gott? Und: Was hat Gott mit mir und meinem Leben zu tun?

Die Bibel hat nicht ein fleißiger Schriftsteller allein gedichtet, an ihr haben viele mitgeschrieben: Menschen, die Erfahrungen mit Gott gemacht haben. Kein Blatt der Bibel ist vom Himmel gefallen. Alle Bücher darin sind von Menschen verfaßt. Diese Menschen lebten zu einer bestimmten Zeit in einem bestimmten Land. Wer die Bibel liest, muß also immer bedenken, daß sie unter bestimmten Umständen entstanden ist. Christen sind überzeugt, die Menschen, die an der Bibel mitgeschrieben haben, waren von Gottes Geist berührt. Gott sprach durch sie. Und er spricht bis heute durch das Wort der Bibel. In der Bibel kommt Gott zu Wort. Deswegen verehren die Menschen, die an Gott glauben, die Bibel als »Heilige Schrift«. Die Schriftkundigen betreiben Exegese, das bedeutet – aus der griechischen Sprache (»exegesis«) übersetzt: »Auslegung«. Gemeint ist die Kunst, herauszufinden, was der Text der Heiligen Schrift zu bedeuten hat. Jede Zeit hat eigene, neue Fragen an den Text und so wird der Text auch immer neu verstanden. Die Christen lesen in ihren Gottesdiensten aus der Bibel vor. Die Predigt will verständlich machen, was das »Wort Gottes« heute sagen will. Christen sind überzeugt: Auch wenn die Bibel schon sehr alt ist, ihr Inhalt ist immer noch für ihr Leben wichtig.

»Testament« heißen die beiden großen Teile, in die die Bibel unterteilt ist: das Alte Testament und das Neue Testament. »Testament« ist ein lateinisches Wort. Es bedeutet etwa: letzter Wille, Vermächtnis, Bündnis. Die Testamente der Bibel erzählen davon, daß Gott sich mit den Menschen verbündet hat. Im Alten Testament erfahren wir, wie Gott sich vor mehr als 3.000 Jahren das Volk Israel aussuchte. Es soll mit seiner Treue zu Gott allen zeigen: Gott ist der Herr des Himmels und der Erde. Später wurden die Israeliten das Volk der Juden genannt. Die Juden sind die älteren Geschwister der Christen, denn beide vertrauen auf den gleichen Gott. Die Christen glauben: Gott hat sich in besonderer Weise durch Jesus von Nazaret gezeigt. Durch ihn hat Gott allen Menschen seine Freundschaft angeboten. Von diesem neuen Bund mit den Menschen berichtet das Neue Testament. Die Testamente sind feierliche Versprechen zwischen Gott und den Menschen, sich immer aufeinander verlassen zu können.

Das Alte Testament wurde ursprünglich auf Hebräisch (Aramäisch) geschrieben, das Neue Testament auf Griechisch. Schon vor mehr als tausend Jahren übersetzte man die Bibel in die lateinische Sprache. Latein konnten aber nur die studierten Leute verstehen. Später gab es auch deutsche Übersetzungen. Vor etwa 500 Jahren war es Martin Luther, dessen Anliegen es war: Alle Menschen in Deutschland sollen mitbekommen, was Gott durch die Bibel sagen will, auch einfache Leute. Er machte sich mit gelehrten Freunden an die Aufgabe, die ganze Bibel ins Deutsche zu übersetzen. Dafür benutzte er nicht die lateinische Übersetzung, sondern die hebräischen und griechischen Originaltexte. Luthers Bibel hat mitgeholfen, daß die deutsche Sprache einheitlicher wurde und überall verstanden werden konnte. Und doch sprechen wir heute anders als Martin Luther. Die Sprache entwickelte sich weiter. Manche Wörter oder Formulierungen, die man früher benutzte, kennen wir heute kaum noch. Und vieles, was wir heute sagen, hätte man damals nicht verstanden. Jede Zeit hat ihre Sprache. Jede Zeit drückt sich anders aus. Und jede Übersetzung der Bibel ist auch eine Deutung des ursprünglichen Textes. In jeder Zeit bemüht man sich, die beste Übersetzung zu finden, die jeder verstehen kann. In deutscher Sprache gibt es heute ein paar

Dutzend verschiedene Übersetzungen. Alle wollen auf ihre Art die Bibel für Menschen im 21. Jahrhundert verständlich machen.

## Das Alte Testament

Das Volk der Israeliten glaubt an einen Gott. Aber dieser Gott unterscheidet sich von den Göttern der Nachbarn des Volkes Israel. Diese anderen Völker beten Götzen aus Stein oder Metall oder sogar die Sonne an. Der Gott Israels aber ist einer, der nicht so leicht zu fassen ist. Er ist ganz anders als die Götzen, er ist auch ganz anders als die Menschen. Und doch hat er eine Stimme und spricht zu den Menschen, hat er Ohren und hört die Gebete, hat er Augen und sieht alles, was auf Erden geschieht, hat er ein Herz und liebt sein Volk. Und weil er sein Volk liebt, hat Gott mit den Israeliten einen Bund geschlossen. Er verspricht, immer für sein Volk zu sorgen, es nicht im Stich zu lassen. Das Volk verspricht, Gott zu folgen und zu tun, was Gott verlangt. Gott zeigt sich den Menschen: nicht, daß man sein Gesicht sehen könnte. Aber er zeigt sich in machtvollen Taten, wenn er sein Volk aus der Not rettet. Er spricht auch durch Menschen, die in seinem Auftrag von ihm reden, durch die Propheten. Die Propheten ermahnen das Volk, wenn es Gott vergißt, sich gegen Gott auflehnt oder ungerecht handelt. Sie drohen Strafen an. Sie versuchen zu begreifen, was Gott will, wenn er lange Zeit schweigt oder Dinge geschehen, die schwer zu verstehen sind.

Manchmal fürchten die Menschen, daß Gott sein Volk verlassen hätte. Dann haben sie Angst, dann kehren sie um zu ihm und versprechen wieder Treue. Davon erzählt das Alte Testament. Es ist die Geschichte der Freundschaft von Gott mit dem Volk Israel. Die ältesten Texte des Alten Testamentes sind etwa 1.200 Jahre vor Christus geschrieben worden, die jüngsten im Jahrhundert vor der Zeitenwende. Über einen Zeitraum von mehr als tausend Jahren also sind diese Schriften entstanden!

Wir unterteilen das Alte Testament mit seinen 39 Schriften in drei Gruppen: 1. die Geschichtlichen Bücher, 2. die Bücher der Dichtung, 3. die Bücher der Propheten.

## Die Geschichtlichen Bücher

Die Geschichtlichen Bücher erzählen von der Erschaffung der Welt, von den ersten Menschen Adam und Eva und ihren Söhnen Kain und Abel. Sie erzählen, wie hochmütig und schlecht ihre Nachkommen waren, so daß Gott die Sünde der Welt durch eine große Flut vernichten wollte. Die Geschichtlichen Bücher berichten davon, wie das Volk Israel das Land eroberte, in dem es sich ansiedelte. Wie es – von Hunger getrieben – nach Ägypten auswanderte, dort aber versklavt wurde, wird dort anschaulich erzählt. Und auch, wie Mose mit Gottes Hilfe das Volk wieder in die Freiheit führte. Diese Bücher sind voll von Geschichten über die Könige und Kriege der Israeliten. Siege und Niederlagen erlebten sie. Man verschleppte das Volk aus seiner Heimat nach Babylonien, aber es durfte schließlich heimkehren. Im Mittelpunkt der Geschichtlichen Bücher steht der Bund Gottes mit den Menschen. Er drückt sich in den Treueversprechen Gottes aus und in den religiösen Vorschriften, deren Mittelpunkt die Zehn Gebote bilden.

Zu den Geschichtlichen Büchern gehören: das 1. Buch Mose (Genesis), das 2. Buch Mose (Exodus), das 3. Buch Mose (Levitikus), das 4. Buch Mose (Numeri), das 5. Buch Mose (Deuteronomium), das Buch Josua, das Buch von den Richtern, das Buch Rut, das 1. Buch Samuel, das 2. Buch Samuel, das 1. Buch von den Königen, das 2. Buch von den Königen, das 1. Buch der Chronik, das 2. Buch der

Chronik, das Buch Esra, das Buch Nehemia, das Buch Ester.

## Die Bücher der Dichtung

Die Bücher der Dichtung sprechen in künstlerischer Form: Lieder und Gebete, Gedichte und Sprichwörter beschreiben und preisen Gott. Sie belehren durch Lebensweisheit und Erfahrung. So erzählt das Buch Hiob von einem Mann, der trotz schlimmster Leiden an Gott festhält. Das Hohelied dagegen ist eine romantische Liebesgeschichte. Die Psalmen werden »das Gebetbuch der Bibel« genannt.

Zu den Büchern der Dichtung gehören: das Buch Ijob (Hiob), die Psalmen, das Buch der Sprichwörter, das Buch Kohelet (Prediger), das Hohelied.

## Die Bücher der Propheten

Die Bücher der Propheten enthalten die Geschichten jener Menschen, die im Auftrag Gottes sprechen. Die größten unter ihnen sind Jesaja, Jeremia und Ezechiel. Die Propheten erinnern das Volk an den Bund mit Gott. Sie klagen das Volk in Gottes Namen an, wenn die Menschen ungehorsam und ungläubig sind. Sie drohen das Gericht Gottes an und daß Gott alle zur Rechenschaft ziehen wird. Sie fordern Gerechtigkeit auf Erden. Doch sie trösten auch und schenken die Hoffnung, daß Gott am Ende alles zum Guten führen wird.

Zu den Büchern der Propheten gehören folgende: der Prophet Jesaja, der Prophet Jeremia, die Klagelieder, der Prophet Ezechiel, das Buch Daniel, der Prophet Hosea, der Prophet Joel, der Prophet Amos, der Prophet Obadja, der

Prophet Jona, der Prophet Micha, der Prophet Nahum, der Prophet Habakuk, der Prophet Zefanja, der Prophet Haggai, der Prophet Sacharja, der Prophet Maleachi.

## Das Neue Testament

Da spricht einer von Gott, aber ganz anders als alle anderen zu seiner Zeit. Es ist der Zimmermann Jesus aus der Stadt Nazaret. Er sagt: Nicht die religiösen Pflichten sind das wichtigste, sondern die Liebe. Er sagt: Gott nimmt alle Menschen an, so wie sie sind. Er sagt: Wer sich um Arme und Kranke kümmert, wer sich nicht scheut, auch mit denen umzugehen, die keiner mag, der zeigt dadurch Gott seine Zuneigung. Mit Freunden wandert Jesus von Stadt zu Stadt, von Dorf zu Dorf und predigt diese Botschaft. Was er sagt, macht die Menschen froh. Aber nicht alle: Manche verstehen ihn nicht und meinen, was Jesus behauptet, das beleidige doch Gott. Sie sorgen dafür, daß Jesus umgebracht wird.

Jesus stirbt an einem Kreuz; seine Leiche wird in ein Grab gelegt. Aber viele Menschen, die ihm vertrauten, glauben nicht, daß er für immer tot ist. Sie spüren ihn weiterhin, sie sehen ihn, sie hören seine Worte, sie sind sich sicher, daß er ihnen ganz nahe ist. Sie sagen: Jesus lebt! Er ist auferstanden von den Toten. Die Freunde Jesu begreifen: Jesus ist der, auf den wir immer gewartet haben: der Sohn Gottes. Die Juden warten auf den versprochenen Retter, sie nennen ihn: »Messias«, das heißt: der Gesalbte. Denn Menschen mit einer besonderen Aufgabe wurden früher mit wertvollem Öl gesalbt, als Zeichen der Erwählung durch Gott. Die Juden glauben aber nicht, daß Jesus derjenige war, den Gott angekündigt hat. Die Christen hingegen sagen: Jesus ist der Messias! Die griechische Übersetzung des hebräischen Wortes Messias ist »Christus«. – »Jesus Christus ist die Hoffnung der Welt« – diese Botschaft verbreitet sich über viele Länder. Davon erzählt das

Neue Testament. Es ist die Geschichte der Freundschaft von Gott mit allen Menschen. Die ältesten Texte des Neuen Testamentes sind um das Jahr 50 nach Christus entstanden, die jüngsten am Ende des 1. Jahrhunderts. Die ersten Christen hatten also nicht das ganze Neue Testament zur Hand, sondern nur einzelne Stücke davon.

Wir unterteilen das Neue Testament mit seinen 27 Schriften wieder in drei Gruppen: 1. die Geschichtlichen Bücher, 2. die Briefe der Apostel, 3. das prophetische Buch.

## Die Geschichtlichen Bücher

Im Mittelpunkt der *Geschichtlichen Bücher* stehen die vier Evangelien. »Evangelium« ist ein griechisches Wort und bedeutet: Frohe Botschaft oder Gute Nachricht. Das Evangelium erzählt von der Geburt, vom Leben und Sterben und von der Auferstehung des Jesus von Nazaret. Es sagt durch viele Erlebnisse und Ereignisse: Dieser Mann ist der Messias. Er ist derjenige, der allen Menschen das Heil bringt: Jesus Christus. In den ersten Jahren nach Jesu Tod gaben seine Freunde mündlich weiter, was Jesus gesagt und getan hatte: Wie er von Gott sprach, wie er Kranke heilte und Sachen vollbrachte, über die sich die Leute wunderten, was er zu beten lehrte und wie er mit seinen Jüngern das Mahl feierte. Manche schrieben auch kleine Stücke auf, zum Beispiel, wie es war, als Jesus gekreuzigt wurde, und wie dann einige Menschen Zeugen der Auferstehung wurden. Aber erst etwa vierzig Jahre später wurde alles, was man von Jesus berichtete, von vier Männern gesammelt, geordnet und dann der Reihe nach aufgeschrieben. Diese Männer waren Matthäus, Markus, Lukas und Johannes, man nennt sie Evangelisten. Wir wissen kaum etwas über sie. Keiner von ihnen hat Jesus persönlich kennengelernt. Deswegen sind die Evangelien auch keine Reportagen wie aus der Tagesschau. Die Evangelisten fügten das, was sie über Jesus gehört hatten, zu einer großen Geschichte des

Glaubens zusammen. So können alle, die etwas von Jesus wissen wollen, auch heute noch darüber nachlesen.

Der Evangelist Lukas hat noch ein zweites Buch geschrieben: die Apostelgeschichte. Darin steht geschrieben, wie die Apostel die Botschaft Jesu mit dem jüdischen Glauben in Einklang brachten. Außerdem erfahren wir hier, wie aus dem Christenfeind Saulus durch Gottes Eingreifen Paulus wurde – ein Freund Jesu und großer Apostel des christlichen Glaubens. Die Apostelgeschichte ist ein Zeugnis des Eifers, mit dem die ersten Christen in die Welt hinausgingen, um Jesus Christus überall bekannt zu machen – nach Griechenland, in die heutige Türkei, nach Nordafrika und ins Zentrum des Römischen Reiches, wo der Kaiser thronte: nach Rom.

Zu den Geschichtlichen Büchern gehören: das Evangelium nach Matthäus, das Evangelium nach Markus, das Evangelium nach Lukas, das Evangelium nach Johannes, die Apostelgeschichte.

## Die Briefe der Apostel

Die *Briefe der Apostel* sind wie schriftliche Predigten. Man sagt, die meisten habe der Apostel Paulus geschrieben. Aber vielleicht waren es auch andere, die sie geschrieben haben; sie gaben aber als Absender den Namen von Paulus an, um beim Empfänger einen besseren Eindruck zu machen. Einige der Briefe sind an christliche Gemeinden adressiert, zum Beispiel an die Gemeinden in Rom, Korinth (Griechenland) oder Ephesus (in der heutigenTürkei). Andere sind an Verkünder der christlichen Botschaft gerichtet, wie die Briefe an Timotheus oder Titus. Einige Briefe tragen als Titel den Namen der Absender, wie die Briefe des Petrus und des Johannes. Die ersten Briefe sind etwa zwanzig Jahre nach Jesu Tod geschrieben worden, also noch vor den Evangelien. Die letzten wurden etwa um das Jahr 100 verfaßt. Alle verbindet, daß sie die Christen zum rechten Glauben anhalten und vor dem falschen Glauben warnen wollen. Sie wollen helfen, daß man besser verstehen kann, was Jesus meinte. Sie zeigen, wie ein christliches Verhalten in der Gemeinde, in der Familie, im Beruf und im Zusammenleben mit den anderen Menschen aussehen kann.

Zu den Briefen der Apostel gehören: der Brief an die Römer, der 1. Brief an die Korinther, der 2. Brief an die Korinther, der Brief an die Galater, der Brief an die Epheser, der Brief an die Philipper, der Brief an die Kolosser, der 1. Brief andie Thessalonicher, der 2. Brief an die Thessalonicher, der 1. Brief an Timotheus, der 2. Brief an Timotheus, der Brief an Titus, der Brief an Philemon, der Brief an die Hebräer, der Brief von Jakobus, der 1. Brief von Petrus, der 2. Brief von Petrus, der 1. Brief von Johannes, der 2. Brief von Johannes, der 3. Brief von Johannes, der Brief von Judas.

## Das prophetische Buch

Das *prophetische Buch* ist die Offenbarung des Johannes. Es wurde um das Jahr 96 geschrieben, als man die Christen verfolgte. Die Offenbarung wendet sich an die Gemeinden und will sie im Glauben ermutigen und stärken. Das Buch beschreibt in traumartigen Bildern, was bis zum Ende der Welt Schlimmes passierent, aber es tröstet auch mit der Hoffnung, daß Gott schließlich alles gut machen wird. Die Offenbarung des Johannes wird manchmal auch »Apokalypse« genannt, das ist das griechische Wort für »Offenbarung« oder »Enthüllung«.

Es gibt nur ein prophetisches Buch im Neuen Testament: die Offenbarung des Johannes.

## Das Buch der Bücher

Die Bibel – wie wir sie heute kennen – hat eine lange Entwicklung hinter sich. Schon am Anfang wurden die Bücher immer wieder von Hand abgeschrieben. Dabei ließ aber hier und da jemand etwas weg oder dichtete etwas hinzu. Auch schlichen sich ganz normale Abschreibfehler ein. Mit der Zeit hatte man eine Reihe von Büchern, die den gleichen Namen trugen, sich aber im Inhalt unterschieden. Es war nötig geworden zu beraten, welche Bücher zur Bibel gehörten und welche nicht. Für das Alte Testament wurde das um das Jahr 100 nach Christus festgelegt. Einige Bücher zählte man damals nicht zur Heiligen Schrift, bewahrte sie aber als fromme Werke auf. Diese nennt man »Apokryphen«. Das griechische Wort Apokryphen bedeutet »verborgene«, »weggeschlossene« Bücher, die nicht zur eigentlichen Bibel gehören. Dazu zählen: das Buch Tobit, das Buch Judit, das 1. Buch von den Makkabäern, das 2. Buch von den Makkabäern, das Buch der Weisheit, das Buch Jesus Sirach, das Buch Baruch.

Von den biblischen Büchern ist keines mehr im Original erhalten. Wir haben heute nur Abschriften: manchmal lange Texte, manchmal nur Fetzen mit wenigen Wörtern. Die Bibelwissenschaftler sind immer auf der Suche nach möglichst alten Schriftstücken. 1947 erfreute sie eine große Überraschung: Ein Beduinenjunge suchte in Qumran (einer Wüstenlandschaft in Israel) ein verirrtes Lamm und fand dabei Tonkrüge, in denen sich handgeschriebene Bibeltexte befanden, die weit über zweitausend Jahre alt waren.

Für die Christen ist die Bibel immer aktuell, denn in der Bibel kommt ihr Leben vor: die Sehnsucht nach Liebe, der Hochmut und die Schuld, die Freude an der Welt und die Angst vor dem Tod. Die Bibel erzählt die Geschichte der Menschheit und die jedes einzelnen. Man nennt sie »Das Buch der Bücher«. Es ist ein Buch der Rekorde: Kein anderes Buch wurde häufiger gedruckt und in mehr Sprachen übersetzt. Weltweit wird die Bibel jedes Jahr etwa 21 Millionen mal gedruckt – dazu all die Millionen-Ausgaben der Jahre zuvor – und ist in über 2.200 Sprachen zu lesen.

Anfänge

# Die Kirchengeschichte

Herrschaftszeiten

Reformation

Moderne

Wenn man die Entwicklung eines Menschen, eines Volkes oder eines Landes betrachtet, spricht man von dessen »Geschichte«. Was in ihr geschieht, kann oft erst im Nachhinein recht verstanden, aufgeschrieben und interpretiert werden. »Heilsgeschichte« meint, daß Gott innerhalb der »profanen« Geschichte für das Heil der Menschen handelt – von der Schöpfung bis zur Vollendung der Welt. Kirchengeschichte betrachtet die Entwicklung der Kirche durch ihre Verstrickungen in die Geschehnisse der jeweiligen Zeit.

Die ersten Jahrhunderte des Christentums waren geprägt vom Ringen um den rechten Glauben und dem Überleben als eigenständige Religion. Die beiden »Apostelfürsten« Petrus und Paulus waren die ersten, die den neuen Glauben in eine fremde Umgebung transferieren mußten: Das Christentum entstand ja in Umgebungen, die bereits religiös geprägt waren. Petrus wurde dem neutestamentlichen Zeugnis nach von Jesus eine besondere Verantwortung für die Leitung der Kirche übertragen; ob diese Beauftragung allerdings nur für ihn persönlich galt oder damit ein Amt geschaffen worden war, das auch seine Nachfolger bevorzugte – das sollte später zu einem gravierenden Streitpunkt werden. Petrus' eigentlicher Name »Simon« wurde also um den Beinamen »Fels« ergänzt, was auf griechisch »petros« und auf aramäisch »kephas« heißt. Zu seiner Aufgabe gehörte, innerhalb der »Mutterreligion« der ersten Christen (also innerhalb des Judentums) den Glauben an Jesus als den Messias zu verteidigen.

Paulus hingegen war durch seine Begegnungen mit der damaligen Welt gezwungen, dem ganzen Glauben ein System zu geben. Als Saulus wurde er geboren, gehörte dann als Jude zur Gruppe der Pharisäer und war ein Gegner der ersten Christen. Er war Träger des römischen Bürgerrechts. Eine mystische Begegnung mit dem auferstandenen Christus machte ihn selbst zu einem Christen: Er wurde sogar zum größten Missionar der frühen Kirche.

Paulus verkündete den christlichen Glauben unter den »Heiden« und löste damit das Christentum aus dem Bereich des Judentums heraus. Er schrieb an viele Gemeinden Briefe, die im Neuen Testament überliefert sind. Seine Reisen führten ihn unter anderem nach Griechenland, Syrien und Rom, wo er um das Jahr 67 hingerichtet wurde.

Rom war im Altertum das Zentrum des römischen Weltreiches. In der Kultur dieses Reiches besaß die römische Religion einen hohen Stellenwert, ein Polytheismus mit zahlreichen Göttern, die ihr jeweils eigenes Aufgabengebiet besaßen. Als »Mittelpunkt« der bekannten Welt im ersten Jahrhundert nach Christus war Rom auch das Reiseziel der Apostel Petrus und Paulus. Sie wollten dort vor dem Kaiser den christlichen Glauben bezeugen und verteidigen. Doch im Römischen Reich hatte niemand auf diesen Glauben gewartet. Man war dort überzeugt, daß alle Bereiche unter göttlichem Einfluß stünden, zum Beispiel des *Sol invictus,* des »Unbesiegbaren Sonnengottes«.

Religion bedeutete für die Römer die genaue Einhaltung von Vorschriften. Viele Angehörige des mächtigen und allgegenwärtigen Militärs wandten sich *Mithras* zu. Mithras ist der persische Name eines Gottes, der übersetzt ursprünglich »Vertrag«, später auch »Freund, Liebe« bedeutet. Bereits im 14. Jahrhundert vor Christus wurde Mithras in verschiedenen Kulturen verehrt. Große Bedeutung erlangte er im 1. Jahrhundert nach Christus, als sein Kult im Römischen Reich zur Religion der Soldaten wurde. Sie trafen sich in unterirdischen Räumen zu geheimen Versammlungen, bei denen sie ein Mahl mit Brot und Wein hielten. Möglicherweise wurde bei diesen Versammlungen ein Stier getötet und verspeist, sein Blut zu einer Art Taufe verwendet. Frauen waren nicht zugelassen.

Die Gebildeten neigten der sogenannten »Gnosis« zu. Dieser griechische Begriff bedeutet »Erkenntnis, Einsicht«. Er steht für eine geistliche Strömung zu der Zeit, als das Christentum entstand. Diese Religion unterschied sich auf mancherlei Weise vom Christentum, hatte aber doch viel mit ihm gemeinsam und bildete so eine ernste Konkurrenz.

Die Anhänger der Gnosis, die Gnostiker, versuchten eine Antwort auf die Frage zu finden, wie das Böse in die Welt gekommen sei. Sie glaubten, daß der Mensch sich seit dem Sündenfall immer weiter von Gott entfernt habe – bis schließlich nur noch ein verborgener göttlicher Funke in jedem Menschen übriggeblieben sei. Der Mensch sei nicht als einzelner ein Sünder, sondern in ihm spiele sich der immerwährende Kampf zwischen Gut und Böse ab. Diesen Kampf zu durchschauen und zu erkennen war das Ziel der Gnosis. Durch Erkenntnis könne der göttliche Funke befreit und damit die Erlösung erreicht werden.

Alle Strömungen wurden letztlich von der römischen Staatsreligion zusammengehalten. Sie äußerte sich in erster Linie im Vollziehen bestimmter Riten, in kultischen Handlungen und dem Befragen von Omen.

Da sich die in Rom zum neuen Glauben bekehrten Christen diesen Bestimmungen, die für alle galten, nicht beugen wollten, kamen sie mit der Herrschaft in Konflikt. Es kam zu Christenverfolgungen. Diese Versuche, den christlichen Glauben zu unterdrücken, indem seine Anhänger benachteiligt, bestraft, gequält oder gar getötet wurden, waren in den ersten zweihundert Jahren relativ gering, da auch die Christen zahlenmäßig kaum ins Gewicht fielen. Erst im 3. Jahrhunderten wurden Christen im Römischen Reich konsequent – also nicht nur auf Anklage – systematisch verfolgt. Die Treffen der Gläubigen waren geheim und fanden in den Katakomben statt, den unterirdischen Begräbnisstätten vor der Stadt. Anfang des 4. Jahrhunderts – im Jahre 311 – lockerte Kaiser Valerian die Verfolgungspraxis. Zwei Jahre später sollte ein Ereignis den Stand der Christen nachhaltig verändern, die sogenannte *»Konstantinische Wende«*. Es heißt, Kaiser *Konstantin* ließ aufgrund einer Eingebung auf die Schilde seiner Soldaten Kreuze malen und errang am 28. Oktober 312 bei der Schlacht auf der milvischen Brücke einen wichtigen militärischen Sieg. Diesen Sieg führte er auf göttlichen Beistand im Namen des Kreuzes zurück. Daraufhin gestand er 313 mit dem »Mailänder Toleranzedikt« dem christlichen Glauben die gleichen Rechte wie den anderen Religionen zu. Zuerst unterdrückt, wurde das Christentum durch Konstantin gefördert, bevorzugt und schließlich zur einzig erlaubten Religion im Römischen Reich erklärt. Aus den Verfolgten wurden nach und nach selbst Verfolger: Die Nicht-Christen hatten im Römischen Reich fortan einen schweren Stand.

Im Jahr 321 führte Kaiser Konstantin den Sonntag als Wochenfeiertag ein, im Jahr 325 berief er ein Konzil – eine Versammlung aller Bischöfe – nach Nizäa ein. Dort und bei weiteren Konzilien wurden Grundfragen des Glaubens geklärt: Welche Stellung hat Jesus Christus? Wie hängen Vater, Sohn und Geist zusammen? Ist Maria die »Mutter Gottes«? In Mehrheitsbeschlüssen, manchmal nach leidenschaftlichen Debatten und auch durch Manipulationen der Versammlungsleitung herbeigeführt, war man geneigt, Gottes Ratschluß zu erkennen. Was das Konzil bestimmte, galt als geoffenbarte Wahrheit des Glaubens.

Mit der Zeit wurde Rom zum Mittelpunkt der christlichen Kirche, obwohl sich in den ersten Jahrhunderten mehrere christliche Zentren (»Patriarchate«) gebildet hatten: neben Jerusalem auch Alexandrien (Ägypten), Antiochien (Syrien) und Byzanz (das spätere Konstantinopel und heutige Istanbul). Rom aber hatte einen Ehrenprimat, den es klug auszubauen verstand. Die Stadt Rom liegt auf sieben Hügeln. Einer davon ist der »vatikanische« Hügel. Man sagt, dort seien die Häupter von Petrus und Paulus begraben. So nahmen dort die Päpste ihren Sitz; er wurde vereinfacht »Vatikan« genannt und entwickelte sich zum Verwaltungszentrum der Kirche. (Im Jahr 1929 wurde aus dem Vatikanischen Bezirk durch einen Vertrag mit Italien ein eigener Staat. Der Vatikanstaat ist nur 0,44 Quadratkilometer groß und wird von etwa tausend Menschen bewohnt. Der Papst ist das Staatsoberhaupt. Als solches wird er wie Präsidenten oder Könige in anderen Ländern empfangen.) So behielt Rom seine Wichtigkeit auch, nachdem das Römische Reich untergegangen war.

## Herrschaftszeiten

Die Kirche konnte sich zunächst rasch ausbreiten. Missionare brachten die Botschaft von Christus als dem Herrn der Welt in alle Himmelsrichtungen: *Patrick* in Irland, *Bonifatius* in Deutschland – viele Männer waren unterwegs und gründeten Bistümer und Klöster, Zentren des Glaubens. *Kyrill* und *Method* waren griechische Brüder aus Saloniki und lebten im 9. Jahrhundert. Die beide Missionare übersetzten die Bibel in die slawische Sprache. Auf Kyrill geht die kyrillische Schrift zurück, die heute noch in Rußland, Bulgarien und Serbien verwendet wird. Die Kirchen Osteuropas, in Griechenland und dem Nahen Osten werden orthodox genannt: »rechtgläubig». Die orthodoxen Kirchen wollten den Einfluß des Papstes zurückdrängen. 1054 kam es zum Zerwürfnis. Theologisch wird diese erste große Kirchenspaltung mit dem Streit über die Frage legitimiert, von wem der Heilige Geist ausgehe: vom Vater und vom Sohn, wie Rom behauptete, oder nur vom Vater, wie die Orthodoxen meinten?

Die christliche Expansion fand an den Grenzen zum islamischen Herrschaftsbereich ihr Ende. Religiös begründete Kriegszüge, die im Mittelalter von Westeuropa aus gegen die muslimische Herrschaft in Palästina geführt wurden, waren die Kreuzzüge. Die Christen forderten die Wiederherstellung eines freien Zugangs zu den christlichen Stätten im Heiligen Land. Im Jahr 1070 hatten die-Türken Jerusalem und damit das Grab Christi erobert. Der damalige Papst rief zum Krieg gegen die »Heiden« auf. Begeisterte Massen brachen auf nach Palästina und wurden vernichtet. Ein geordneter Kreuzzug wurde 1096–1099 von Gottfried von Bouillon angeführt. Die teilnehmenden

Ritter hefteten ein Kreuz an ihre Rüstung und begaben sich auf den Kriegszug nach Jerusalem. Sie brachten die Stadt in christliche Hand. Jerusalem wurde jedoch hundert Jahre später von den muslimischen Türken zurückerobert. Es gab noch sechs weitere Kreuzzüge, die alle verlustreich und schließlich erfolglos waren. Beim Verlangen, die »Feinde des Christentums« in der Ferne zu schlagen, kamen viele auf die Idee, diese bereits in der Heimat zu beseitigen: So wurden viele europäische Juden Opfer der Kreuzzüge, aber auch andere Nicht-Katholiken.

Besonders tragisch ist die Geschichte des »Kinderkreuzzuges«. Tausende französische und deutsche Kinder brachen 1212 in religiösem Wahnsinn auf, um Jerusalem wieder christlich zu machen. Von Genua in Italien oder Marseille in Frankreich aus wollten sie es per Schiff erreichen. Doch schon auf dem langen Weg zu den Häfen kamen die meisten an Hunger, Kälte und Krankheit elend um. Und wer die Zielorte erreichte, wurde als Sklave verkauft. Es wurden auch sogenannte Kreuzzüge zur Vernichtung von Ketzern geführt. Ketzer werden diejenigen Christen genannt, die von ihren Glaubenslehren abweichen und daher als Irrlehrer betrachtet werden. Von der Inquisition wurden sie verfolgt und als Staatsfeinde hingerichtet.

Der Begriff Inquisition kommt vom lateinischen Wort »inquisitio«. Es bedeutet »Untersuchung, Verhör«. Seit dem Ende des 12. Jahrhunderts betrieb die katholische Kirche Einrichtungen zur Verfolgung von Menschen, die sie für Ketzer oder »Gotteslästerer« hielt. Bei den Verhören wurde oft Gewalt und Folter angewendet, vor allem bei den Hexenprozessen. Die Bestrafung reichte von Geldbußen bis zur Verbrennung. Besonders streng war die Inquisition in Spanien. Dort war sie eine staatliche Einrichtung. Tausende von Juden, die zum Christentum übergetreten waren, wurden von der Inquisition verfolgt und verurteilt. In einigen Ländern bestand die Inquisition noch bis zum Anfang des 19. Jahrhunderts.

Der christliche Antisemitismus gründete sich auf das unhaltbare Vorurteil, »die Juden hätten Jesus umgebracht«. Auch wenn die genauen Umstände des Prozesses Jesu bis heute ungeklärt sind, und die Frage unbeantwortet bleibt, warum Kinder und Kindeskinder der sogenannten »Täter« Jahrhunderte später dafür büßen müßten – vorgeschobene »Gründe« für die letztlich irrationale Verfolgung von Juden ließen sich immer finden.

Ein trauriges Beispiel ist die Legende vom Ritualmord. Sie geht vom Gedanken aus, die Ermordung eines Menschen sei Bestandteil eines religiösen Rituals. Die Christen beschuldigten zu Unrecht die Juden, solche Verbrechen zu begehen. Wenn ein totes Christenkind gefunden wurde, brachte man das Gerücht in Umlauf, die Juden hätten das Kind ermordet, da sie es für ihre Rituale benützten. Vielerorts wurde damit die christliche Bevölkerung aufgehetzt, die Juden zu foltern und umzubringen. Ganze jüdische Gemeinden wurden vernichtet. Die Ritualmordlüge wurde später sogar von den Nationalsozialisten verwendet, um ihre antisemitische Hetze zu stützen.

Nicht nur religiöse Auseinandersetzungen belasteten die Kirche; sie mußte auch ihre Rolle im Verhältnis zum Kaiser klären. Davon zeugt der sogenannte *»Investitur-Streit«* im 11./12. Jahrhundert. Investitur ist ein lateinisches Wort und bedeutet übersetzt »Einkleidung«. Damit ist die Einführung in ein kirchliches Amt gemeint, zum Beispiel eines Bischofs. Papst *Gregor VII.* und König *Heinrich IV.* stritten darum, wer Investituren vornehmen dürfe: der Papst oder der König. Das Recht der Investitur ist dem Papst verblieben. Der Verlust kirchlicher Einflußnahme auf die weltliche Politik war jedoch nicht mehr aufzuhalten.

## Reformation

»Umgestaltung, Verbesserung, Wiederherstellung« – das ist etwa die Bedeutung des Begriffs Reformation. Im Christentum wird jene Bewegung im 16. Jahrhundert so bezeichnet, die die Kirche erneuern und wieder an ihre Quelle – die Bibel – heranführen wollte. Die Reformation führte zu einer Spaltung der Kirche in Gegner und Befürworter. Die Freunde der Reformation schlossen sich schließlich notgedrungen zu einer eigenen Konfession zusammen: dem Protestantismus. Einen Vorläufer hatte der spätere Reformierungsprozeß mit *Jan Hus.* Er lebte von etwa 1370 bis 1415 in Prag und fungierte als Sprecher einer Bewegung, die die katholische Kirche reformieren wollte. Diese Reformbewegung kritisierte Mißstände, vor allem den Reichtum der Kirche und forderte Predigt und Lesung aus der Bibel in der Landessprache (und nicht auf Lateinisch, wie damals üblich). Beim *»Konzil von Konstanz«* (1414–1418) wurde Jan Hus zum Tode verurteilt und 1415 verbrannt, obwohl man ihm zuvor freies Geleit versprochen hatte. Seine Anhänger, die Hussiten, versuchten daraufhin in den Hussitenkriegen die Reformen zu erkämpfen. Ein Teil ihrer Forderungen wurde ihnen schließlich zugestanden.

Die herausragende Persönlichkeit der Reformation ist *Martin Luther* (1483–1546). Er gilt als ihr Begründer und Wortführer. Im 15. Jahrhundert predigte er als Augustiner-Mönch gegen schlechte Sitten in der katholischen Kirche. Dort war man sehr bequem geworden, und einige Gläubige meinten gar, mit Geld Gottes Gnade und Befreiung von Sündenstrafen erkaufen zu können. Martin Luther erkannte aus der Bibel: *Gottes Gnade kann man nicht kaufen. Man kann nur auf Gottes Erbarmen vertrauen.* Er protestierte gegen den Ablaßhandel. Martin Luther übersetzte die Bibel aus der hebräischen und griechischen Sprache ins Deutsche. Er bezeichnete bereits 1524 die Bemühungen, die katholische Kirche zu reformieren, als »evangelisch«. Ziel war, das Evangelium wieder ins Zentrum des Christentums zu stellen. Aufgrund seiner Ansichten – daß beispielsweise der Glaube wichtiger sei als die guten Werke und die Bibel wichtiger sei als die Tradition – gab es Streit mit dem Papst in Rom. Luther wurde mit dem Bann belegt;

er mußte sich verstecken. Die Kirche exkommunizierte ihn. Der Streit wurde erst entkräftet, als sich viele deutsche Landesfürsten auf die Seite Luthers stellten. Damit erlangten auch sie größere Unabhängigkeit vom kirchlichen Einfluß in ihrem Herrschaftsgebiet. Luther – mittlerweile verheiratet mit der ehemaligen Nonne *Catharina von Bora* – versammelte sich weiterhin mit seinen Anhängern, um in der Bibel zu lesen und Gottesdienst zu feiern. Aus dieser Bewegung entwickelte sich die evangelische Kirche.

Auf dem Reichstag zu Speyer 1529 protestierten die evangelischen gegen die katholischen Reichsvertreter, die an der Verurteilung Martin Luthers festhielten. Sie wurden »Protestanten« genannt, ihre Bewegung »Protestantismus«. Mit diesem Begriff wurden dann all jene Formen des Christentums zusammengefaßt, die aus der Reformation hervorgegangen sind. Dazu gehört beispielsweise die schweizerische Variante der Reformation, die *Johannes Calvin* vorantrieb, der von 1509 bis 1564 lebte und vor allem in Genf wirkte. Seine Lehre, der Calvinismus, vertrat Ansichten über den Glauben, die nicht denen der katholischen Kirche entsprachen und auch von Martin Luther nicht uneingeschränkt geteilt wurden. Dazu gehörte besonders die Lehre der Prädestination, die besagt, Gott bestimme vorher, welcher Mensch nach seinem Tod in den Himmel komme und welcher verdammt werde. Aus dem Erfolg oder Mißerfolg der Arbeit könne der Mensch Rückschlüsse ziehen, ob er für das Heil vorherbestimmt sei.

Auch in Frankreich gewann die Reformation Anhänger. Sie übernahmen die Lehre des Schweizer Reformators Calvin und wurden darum »Eidgenossen« genannt: Als Eidgenossen bezeichnen sich die Schweizer selbst. Daraus entstand in französischer Aussprache das Wort »Hugenotten«. Diese französischen Protestanten wurden von den katholischen Königen Frankreichs schwer verfolgt. In der sogenannten *»Bartholomäusnacht«* 1572 wurden viele Hugenotten wegen ihres evangelischen Glaubens umgebracht. Zahlreiche Hugenotten flohen aus Frankreich und ließen sich in deutschen protestantischen Ländern nieder, zum Beispiel in Brandenburg. Die geschwächte katholische Kirche reagierte mit der Gegenreformation. Ihr Bestreben war, einzelne Christen und ganze Gemeinden wieder zum römischen Glauben zu bekehren, die durch die Reformation Protestanten geworden waren. Die Gegenreformation ging von Spanien aus. Um die katholische Kirche neu zu organisieren, führte man das »*Konzil von Trient*« durch (1545–1563). In England, Schweden und in Teilen Deutschlands hatte die Gegenreformation keinen Erfolg, dort blieben die Menschen überwiegend evangelisch. »Cuius regio, eius religio«, der Kompromiß aus dem Augsburger Religionsfrieden, besagte: *In wessen (Fürsten) Gebiet man lebt, dessen Religion muß man haben.* Der Konflikt zwischen den katholischen und protestantischen Mächten führte schließlich zum »*Dreißigjährigen Krieg*« (1618–1648). Erst im »*Westfälischen Frieden*« (1648) wurde ein Staatskirchentum ohne Gleichheit von Konfession und Fürst, damit eine persönliche Entscheidung eines jeden Christen ermöglicht.

## Moderne

Mission wird das Bestreben genannt, den eigenen Glauben unter Anhängern anderer Religionen oder Konfessionen zu verbreiten. Christen schafften das weitgehend in Europa, Nord, Mittel- und Südamerika, außerdem in Australien. Im Gefolge der Eroberer pflanzten sie ihren Glauben in fremde Kulturen ein. In Afrika war das missionarische Bestreben von mäßigem Erfolg; in Asien und im arabischen Herrschaftskreis konnte es sich nicht durchsetzen. In der Moderne muß sich der christliche Glaube in seiner traditionellen Heimat mit neuen Herausforderungen auseinandersetzen. Im Zuge des Humanismus und der Französischen Revolution wurden Bürger- und Menschenrechte formuliert, die christlichen Ansprüchen entgegentraten.

So bedeutet Religionsfreiheit, daß jeder Mensch das Recht hat, sich zu der Religionsgemeinschaft zu bekennen, zu der er gehören möchte. Er ist frei, seine Religionszugehörigkeit zu wechseln. Es steht ihm natürlich auch frei, keiner Religion anzugehören.

Zur Religionsfreiheit gehört ebenso, daß vom Staat keine Religion bevorzugt oder benachteiligt wird. Die Religionsgemeinschaften sind frei, ihre Angelegenheiten ohne Einmischung zu regeln. Diesem Ansinnen stand die Kirche kritisch bis ablehnend gegenüber. (In demokratischen Ländern wird die Religionsfreiheit heute durch die Verfassung garantiert. In Deutschland ist ein Bürger mit 14 Jahren »religionsmündig«.) Philosophische Vorboten dieser einklagbaren Rechte war die Religionskritik: Wer meint, die Religion helfe dem Menschen nicht zum Leben, stattdessen unterdrücke und verdumme sie ihn, der betreibt »Religionskritik«.

Während der Epoche der Aufklärung waren es vor allem Naturwissenschaftler und Philosophen, die die Religion als altmodisch und unnütz kritisierten. Zu ihren späten Vertretern gehört *Ludwig Feuerbach* (1804–1872), der meinte, nicht Gott habe den Menschen, sondern der Mensch habe Gott geschaffen. *Sigmund Freud* (1856–1939) sah in der Religion eine Art Geisteskrankheit. Und nach *Karl Marx* (1818–1883) ist Religion nur zur Betäubung der Benachteiligten der Welt gut; für ihn war »Religion das Opium des Volkes«. Eine Folge dieses Denkens ist die atheistische Weltanschauung des Existentialismus, die davon ausgeht, daß das Leben sinnlos und voller Leiden ist. Der Mensch ist zur Einsamkeit verdammt und muß seine Existenz, sein Dasein auf Erden, aushalten. Vertreter des Existentialismus waren vor allem die französischen Philosophen und Schriftsteller *Jean Paul Satre, Simone de Beauvoir* und *Albert Camus*. Auch die traditionellen Glaubenswahrheiten geraten ins Wanken. Wenn verschiedene religiöse Anschauungen vermischt werden, spricht man von »Synkretismus«.

Viele Christen haben heute fernöstliche oder indianische Vorstellungen in ihre persönliche Glaubenswelt integriert. Eine kirchliche Reaktion darauf ist die der Fundamentalisten. Ursprünglich war das die Bezeichnung nordamerikanischer Protestanten, die jeden Satz der Bibel wortwörtlich verstanden. Die »fundamentalistische Bewegung« entstand etwa 1875 und stellte den wissenschaftlichen Erkenntnissen über die Entstehung der Welt die biblische Erzählung über die Schöpfung gegenüber. Heute werden mit dem Begriff »Fundamentalismus« in allen Religionen jene Strömungen bezeichnet, die sich allein auf den Wortlaut der Heiligen Schriften berufen und ihre Lehre nicht in Auseinandersetzung mit der modernen Welt und ihren Erkenntnissen weiterentwickeln wollen. Im Wort »Fundamentalist« steckt »Fundament«, was aus dem lateinischen »fundamentum« übersetzt etwa »Grundmauer, Grundlage, Unterbau« bedeutet.

Der entgegengesetzte Weg ist der Dialog der Christen mit der Welt von heute. So entstand in den achtziger Jahren des 20. Jahrhunderts die ökumenische Bewegung, die sich für Frieden, Gerechtigkeit und Bewahrung der Schöpfung einsetzt und sich »Konziliarer Prozeß« nennt. Unter Konzil sei nicht nur eine Ratsversammlung der Bischöfe, sondern aller engagierten Christen zu verstehen. Prozeß meint: Es ist ein langer Weg, bis die Ziele erreicht sind: Frieden, Gerechtigkeit und Umweltschutz werden als christliche Tugenden aufgefaßt.

Spirituelle Impulse kommen heute nicht nur aus dem fernen Osten, sondern auch aus Taizé, einem Dorf in Frankreich, wo 1940 der evangelische Pfarrer *Roger Schutz* ein Kloster gründete. Die Gemeinschaft der Mönche ist ökumenisch. Das heißt: In Taizé leben evangelische, katholische und orthodoxe Mönche zusammen. »Taizé« ist vor allem für Jugendliche zu einem internationalen Ort der Begegnung geworden.

In den letzten Jahrzehnten ist für das Christentum der Dialog mit den anderen Weltreligionen wichtig geworden.

Die ursprüngliche Verdammung: »Außerhalb der Kirche kein Heil« ging davon aus, daß alle Nicht-Christen »verloren« seien, also ein letztlich sinnloses Leben leben würden, das nach dem Tod im Nichts ende. Erst im 19. Jahrhundert rangen sich die Theologen durch, ethisch vollkommenen einzelnen eine Rettung zuzugestehen, *obwohl* sie nicht Christen seien. Mitte des 20. Jahrhunderts war man bereit, auch die anderen Religionen als mögliche Heilswege anzuerkennen. Das *»2. Vatikanische Konzil«* (1962–1965) wollte schließlich nichts verwerfen, was in den anderen Religionen »wahr und heilig« ist.

Mit Juden und Muslimen verbindet die Christen der Glaube an den Einen Gott, die Lehre von der Schöpfung und vom Ende der Welt. Der Hinduismus geht zwar von vielen Göttern aus, nähert sich aber doch dem göttlichen Geheimnis; Hingabe, Askese, Betrachtung sind dabei Wege, die den Christen nicht fremd sind. Obwohl der Buddhismus ohne Gottesvorstellung auskommt, was ihn vom Christentum trennt, hat in ihm doch das Nachdenken über das Leiden einen hohen Stellenwert, was ihn mit dem Christentum verbindet. Außerdem wird seine Praxis der Meditation als beeindruckend und lehrreich gewürdigt. Chinesische Religionen verfügen über einen Schatz an Einsicht und Weisheit. Mit den sogenannten Naturreligionen lassen sich oft überraschende Übereinstimmungen ausfindig machen, so den Glauben an einen allmächtigen Herrn der Welt, ein Reich der Ahnen und die Verehrung der Erde als heiliger Gabe. Zentrale christliche Glaubenssätze – wie das Vertrauen auf Jesus Christus als Heiland und Retter der Welt – können zwar mit keiner anderen Religion geteilt werden, doch ist man bemüht, wie in der innerchristlichen Ökumene, das Verbindende zu suchen, statt nur das Trennende zu betonen.

Ihre eigene Geschichte betrachtet die Kirche als Gabe und Aufgabe. Sie muß einerseits das wertvolle Erbe bewahren und weitergeben, sich andererseits der Verantwortung für ihre Fehler stellen.

# Die Kirche

Eine Kirche – viele Kirchen

Konfessionen

Kirchenraum

Orden

## Eine Kirche – viele Kirchen

Unser Wort »Kirche« leitet sich vom griechischen »kyriakon« ab, was »zum Herrn gehörendes Haus« bedeutet. Im Christentum hat das Wort verschiedene Beutungen: Die Gebäude, in denen Christen ihre Gottesdienste feiern, werden »Kirche« genannt. Die Kirche aber besteht nicht nur aus Steinen, sondern aus Menschen. So wird auch die Gemeinschaft aller Christen »Kirche« genannt, ebenso einzelne Gruppen, z. B. katholische oder evangelische Kirche. Christen gibt es in jedem Land auf der Erde. Auch wenn sich ihre Gottesdienste und Gotteshäuser unterscheiden, alle verbindet doch der eine Glaube an Gott den Vater, den Sohn und den Heiligen Geist.

Die Kirche gehört zu ihrem Herrn Jesus Christus. Auch wenn es in ihr Bischöfe gibt und einen Papst, ist der eigentliche Leiter der Kirche Jesus selbst. Mit einer Handvoll Menschen, die ihm nachfolgten, nahm diese Gemeinschaft der Gläubigen vor 2000 Jahren ihren Anfang. Zur Gemeinschaft der Kirche, die Jesus wollte, sind alle Menschen eingeladen, gleich welcher Herkunft, Hautfarbe oder Religion. Diese Kirche ist dann allumfassend (was »katholisch» bedeutet), lebt nach dem Evangelium (das will »evangelisch« sagen) und hat den rechten Glauben (was »orthodox« meint). Die Christen sind aufgerufen, eine gute Gemeinschaft zu werden. Diese ganze Gemeinde ist unterwegs zu Gott wie eine Pilgergruppe. Deswegen wird die Kirche auch »das wandernde Volk Gottes« genannt. Im Neuen Testament gibt es noch ein anderes Bild: Jesus liebe die Kirche so sehr wie ein Bräutigam seine Braut.

## Konfessionen

Die Kirche ist die Gemeinschaft aller Gläubigen. Zu bestimmten Fragen aber, was man als Christ glauben und wie man leben soll, gibt es unterschiedliche Meinungen. So kommt es, daß sich mit der Zeit verschiedene Gruppen gebildet haben. Diese Gruppen nennen sich selbst auch »Kirche». Die bekanntesten sind die katholische Kirche, die evangelische Kirche und die orthodoxe Kirche. Diese großen Kirchen sind wiederum in vielerlei kleinere Kirchen unterteilt.

Neben der Bibel ist der römisch-katholischen Kirche die Tradition wichtig. Tradition ist das, was man in der Kirche schon immer so getan oder geglaubt hat, auch wenn es nicht ausdrücklich in der Bibel steht. Dazu gehört z. B., daß Priester nicht heiraten dürfen. Tradition ist auch, daß die Mutter von Jesus, Maria, und andere Menschen, die besonders eifrig ihren Glauben lebten, als »Heilige« verehrt werden. Geleitet wird die katholische Kirche vom Papst in Rom. Er sieht sich selbst als Nachfolger des Apostels Petrus. Jesus hatte einst Petrus beauftragt, seine Gemeinde zu führen.

Eine Abspaltung der römisch-katholischen Kirche ist die »altkatholische« Kirche. Sie entstand im Jahr 1870 aus einer Gruppe von Katholiken, die das Dogma von der Unfehlbarkeit, das dem Papst eine besondere Rolle in Glaubensfragen zuerkennt, nicht mittragen wollten. Die altkatholische Kirche ähnelt in vielen Dingen ihrer Mutterkirche, regelt aber ihre Angelegenheiten ohne Rom. Auch hat sie den Zölibat für ihre Priesterinnen und Priester abgeschafft.

Die orthodoxen Kirchen Osteuropas, im vorderen Orient und in Nordafrika (Kopten in Ägypten) sind vom Papst in Rom unabhängig. Die theologischen Grundlagen stimmen mit denen der Katholiken und Protestanten überein. Orthodoxe Kirchlichkeit zeichnet sich vor allem durch eine aufwendige Liturgie aus. Nur Männer sind innerhalb der orthodoxen Kirchen zum Priesteramt zugelassen.

Die evangelische Kirche besteht aus Landeskirchen: den lutherischen, reformierten und unierten. Die »Evangelische Kirche der Union« wurde im Jahr 1817 von dem preußischen *König Friedrich Wilhelm III.* gegründet: Er wollte damit in seinem Reich die lutherische und die reformierte Kirche vereinigen. Der Pietismus ist eine religiöse Bewegung innerhalb der Landeskirchen, die im 17. Jahrhundert entstand. Die Pietisten legen Wert auf eine große Frömmigkeit, die Berufung auch der Laien zur Verkündigung des Evangeliums (»allgemeines Priestertum«) und tätige Nächstenliebe. Der Begriff kommt vom lateinischen Wort »pietas«, was »Frömmigkeit« bedeutet. Außerhalb der regulären Kirchengemeinden gibt es die Basisgemeinden. Das sind christliche Gemeinden, die sich weitgehend unabhängig von der Leitung ihrer Kirchen organisieren und gesellschaftlich engagieren. Man findet Basisgemeinden vor allem in Südamerika und in anderen Ländern der »Dritten Welt«, aber auch in Europa.

Unabhängig von den Landeskirchen gibt eine Vielzahl von Freikirchen dem Protestantismus seine besonders vielfältige Prägung. Freikirchen sind kirchliche Gemeinschaften, die unabhängig vom Staat (früher: vom König) sein wollen und selbständig ihre Angelegenheiten regeln. Freikirchen ziehen keine Kirchensteuern ein, sondern finanzieren sich aus Beiträgen ihrer Mitglieder, die bis zu 10 Prozent ihres Einkommens abgeben. Wer einer Freikirche beitreten will, muß das als Erwachsener »aus freiem Entschluß« tun und kann nicht – wie in der »Volkskirche« – durch die Taufe als Baby aufgenommen werden. Zur Gruppe der Freikirchen gehören beispielsweise die Baptisten. Diese evangelische Christen legen besonderen Wert auf die freiwillige Entscheidung zum Glauben. Deswegen werden dort nur Erwachsene und keine Kinder getauft. Daher auch der Name, der aus dem griechischen Wort »baptisma« gebildet ist und »Eintauchen, Waschung, Taufe« bedeutet. Die Glaubensbewegung entstand um 1600 in den Niederlanden, in England und den USA. Heute gibt es weltweit etwa 30 Millionen Baptisten. Einer der bekanntesten von ihnen war der Pastor *Martin Luther King*, der sich in den USA für die Rechte der Schwarzen einsetzte.

Eine besondere Art der Glaubensverkündigung pflegt die Heilsarmee. Im 19. Jahrhundert rief Pfarrer *William Booth* gemeinsam mit seiner Frau Catherine eine religiöse Hilfsorganisation ins Leben, die sich um die zahlreichen Armen in London kümmerte. Die Gemeinschaft nannte er »Salvation Army«, was übersetzt »Heilsarmee« bedeutet. Die Heilsarmee arbeitet heute weltweit und verbindet missionarische Predigt mit Taten der Nächstenliebe. Besonderes Merkmal der Heilsarmee: Die Mitglieder dieser Freikirche sind wie das Militär gegliedert, und sie tragen im Dienst auf der Straße Uniformen.

Die »Quäker« schließlich sind eine christliche Glaubensgemeinschaft, die im 17. Jahrhundert in England von *George Fox* gegründet wurde. Die Quäker glauben an das »innere Licht Gottes« in jedem Menschen. Sie lehnen ein verfaßtes Glaubensbekenntnis, eine kirchliche Hierarchie und Sakramente ab und versammeln sich stattdessen zu einer schweigenden Andacht. Sie sind Pazifisten. Weltweit gibt es etwa 300.000 Quäker. Ihr Name kommt vom englischen Wort »to quake«, was »zittern« bedeutet: Die ersten Quäker haben in ihren Andachten vor lauter Ergriffenheit gezittert. Der Begriff »Quäker« war ursprünglich ein Spottname. Der offizielle Name lautet: »Gesellschaft der Freunde« (Joh 15,15).

All diese und noch viele andere Kirchen pflegen ihre eigenen Traditionen, sind aber für Kontakte untereinander offen. Das unterscheidet sie von den Sekten. Wenn sich von einer großen Glaubensgemeinschaft eine kleinere Gruppe abspaltet, dann nennt die große Gemeinschaft die kleine Gruppe eine »Sekte«. Das Wort kann aus dem lateinischen »secare« hergeleitet werden, was »zerteilen« bedeutet. Möglich ist auch eine Herleitung aus dem Wort »sequi«, das »folgen« heißt. »Sekte« ist ein wertender Begriff der Theologie, der besagt: »Diese sind von uns unterschieden.« Sekten legen keinen Wert auf theologischen Austausch, sind in der Regel der Meinung, allein die Wahrheit zu besitzen und benutzen häufig zusätzlich zur Bibel andere Quellen der Offenbarung – Schriften oder Inspirationen ihrer Anführer. Will man keine Wertung vornehmen, spricht man stattdessen von »Sondergemeinschaft« oder einfach von »Religionsgemeinschaft«. Aus christlicher Perspektive gehören zum Beispiel die Mormonen zur Gruppe der Sektierer. Mormonen sind Mitglieder der »Kirche Jesu Christi der Heiligen der letzten Tage«. Diese Glaubensgemeinschaft wurde 1830 von *John Smith* in den USA gegründet. Den Mormonen gilt das »Buch Mormon« als der Bibel gleichwertig. Mormonen glauben, dieses Buch habe der »Engel Moroni« aufgeschrieben. Weltweit gibt es etwa 6 Millionen Mormonen.

»Zeugen Jehovas« werden die Anhänger einer Religionsgemeinschaft genannt, die 1874 vom Amerikaner *Charles Taze Russell* (1852–1916) gegründet wurde. Die »Zeugen Jehovas« legen die Bibel wörtlich aus, glauben aber nicht an die Dreifaltigkeit Gottes. Aufgrund einer falschen Übersetzung dachte man früher, der Name Gottes in der Hebräischen Bibel sei »Jehova«. So bedeutet die Bezeichnung, die Gläubigen dieser Religion wollen von »Jehova« Zeugnis ablegen. Sie tun das, indem sie an den Straßen stehen und ihre Zeitschriften anbieten (»Der Wachtturm«) oder auch an den Haustüren klingeln, um Mission zu betreiben. In Deutschland gehören etwa 360.000 Menschen zu den Zeugen Jehovas, weltweit etwa 4,6 Millionen.

Von allen Christen auf der Erde sind etwas mehr als die Hälfte katholisch, ein Drittel ist evangelisch, der Rest gehört zu anderen Kirchen. Die Gesamtheit der christlichen Kirchen wird »Ökumene« genannt. Ebenso steht der Begriff für alle Bemühungen unterschiedlicher christlicher Kirchen, etwas gemeinsam zu tun, um das Verbindende und den gemeinsamen Ursprung ihres Glaubens zu betonen. Dazu gehören »ökumenische« Gottesdienste, Kirchentage, Diskussionen, etc.. Das griechische Wort »oikumene« bedeutet »die bewohnte Erde/Welt«.

Im Ökumenischen Rat der Kirchen sind über 200 verschiedene christliche Kirchen aus allen Erdteilen – evangelische, orthodoxe, katholische – zusammengeschlossen. Die Organisation wurde 1948 in Amsterdam gegründet und hat ihren Sitz in Genf (Schweiz). Die Abkürzung lautet: ÖRK. Der ÖRK bemüht sich darum, trotz der Unterschiede seiner Mitgliedskirchen in Dogmatik, Liturgie und Kirchenrecht, zum gemeinsamen Handeln der Kirchen und zur Einheit der Kirchen zu kommen. Die römisch-katholische Kirche gehört dem Ökumenischen Rat der Kirchen nicht an. Es gibt aber Formen der Zusammenarbeit.

## Kirchenraum

Die Christen haben, wie die Angehörigen fast aller Religionen, für ihre Zusammenkünfte eigene Gebäude errichtet: die Kirchen. Was den Juden die Synagoge, den Muslimen die Moschee oder den Buddhisten der Tempel, das ist für die Christen die Kirche: Ort der Begegnung mit Gott und miteinander. Es gibt große und kleine Kirchen, Dome und Kapellen. Es gibt alte und neue Kirchen. Deren Architektur ist Ausdruck des jeweils modernen Baustils und der damalig aktuellen Theologie: Die Basiliken beispielsweise entwickelten sich aus den Markt- und Gerichtshallen der Antike; es waren in erster Linie Versammlungsstätten. Barocke Pracht betont den Herrschaftsanspruch der Kirche, die zeitgenössische Funktionalität heutiger Neubauten will ihre Dienstbereitschaft zum Ausdruck bringen. Die Ausstattung von Kirchen sieht überall verschieden aus, die Bedeutung der Dinge ist aber überall ähnlich. So steht meistens der Altar im Zentrum der Kirche. Er soll von überall gut gesehen werden können. Er ist ein großer Tisch aus Stein oder Holz, schön gearbeitet und mit Blumen und Kerzen geschmückt. Auf dem Altar wird das letzte Abendmahl Jesu gefeiert. So ist der Altar an sich ein Zeichen für Christus. Das Wort »Altar« bedeutet: Opfertisch. Seit alter Zeit werden Kirchen übrigens so gebaut, daß der Altar in Richtung Osten steht. Das ist als ein Zeichen zu verstehen:

Die Kirche wendet sich dem aufgehenden Licht zu. Und dieses Licht ist für Christen Jesus Christus, der von sich selbst sagt: »*Ich bin das Licht der Welt!*«

Die Kanzel oder der Ambo ist Ort der Verkündigung: ein erhöht stehendes Lesepult. Von dort aus werden die Lesungen aus den biblischen Schriften vorgetragen, das Evangelium verkündigt und die Predigt gehalten. In jeder Kirche erinnert das Zeichen des Kreuzes an Jesus Christus, der für die Menschen sein Leben opferte. Das Kreuz hängt meistens an der Stirnseite der Kirche oder über dem Altar. Über dem Taufbecken wird die Taufe vollzogen.

Der Tabernakel ist in katholischen Kirchen ein wertvoll verziertes Gehäuse, unter dem sich ein sicherer Panzerschrank befindet: In ihm wird die Kommunion aufbewahrt, die in einer Messe übriggeblieben ist. Die Kniebeuge vor dem Tabernakel gilt also nicht dem Schrank, sondern seinem Inhalt: dem »Brot des Lebens«, wie Katholiken sagen. Die Hostien werden im Tabernakel aufgehoben, um sie bei Bedarf den Kranken zu bringen. »Tabernakel« heißt übersetzt: Zelt oder Hütte.

Das Ewige Licht wird – bis auf den Karfreitag – das ganze Jahr über, Tag und Nacht am Brennen gehalten. Es dient als Zeichen, daß sich im Tabernakel geweihte Hostien befinden, Zeichen der Gegenwart Gottes. Die Weihwasserbecken befinden sich in der Nähe des Eingangs. Die Katholiken, die in die Kirche kommen, nehmen mit einem Finger der rechten Hand etwas Weihwasser und bekreuzigen sich damit. Das erinnert sie an das Geschenk und die Verantwortung ihrer Taufe.

Der Beichtstuhl ist eine Art Kabine, in der das Bußsakrament gespendet wird. Der Priester hat einen Sitz. Der Gläubige kniet quer dazu auf einem Bänkchen und spricht durch eine durchlässige Trennwand. So können sich die beiden flüsternd verständigen. Beichtstühle stehen an den Seiten der Kirche. Viele Priester bieten aber auch an, an einem anderen Ort zu beichten: in der Sakristei oder in einem Seelsorgezimmer.

Vierzehn künstlerisch gestaltete Bilder erinnern an die einzelnen Stationen des Leidenswegs, den Jesus Christus bis zu seiner Kreuzigung zurücklegen mußte. Diese Bilder sind oft an den Wänden der Kirche der Reihe nach aufgehängt und werden Kreuzweg genannt. Er kann stationsweise nachgegangen werden. In jeder Osternacht wird feierlich eine große Osterkerze angezündet, die als Symbol für den auferstandenen Christus ihr Licht spendet. Sie steht im Altarraum auf einem eigenen, besonderen Leuchter und brennt während der Osterzeit bis Pfingsten täglich, außerdem bei Taufen und allen Anlässen, die mit dem Tod zu tun haben. Zwölf Leuchter, für jeden der Apostel einer, hängen an den Wänden der Kirche. Sie befinden sich an den Stellen, an denen die Kirche geweiht wurde. Zu großen Festen und an den Gedenktagen der Apostel werden die Kerzen angezündet.

Maria ist in katholischen Kirchen ein kleiner Altar geweiht: Ein Bild oder eine Statue Marias ist da zu finden, eingerahmt von Blumen. Die Gläubigen haben die Möglichkeit, eine Kerze anzuzünden. Die Orgel gilt als »Königin der Instrumente«. Sie ist wie kein anderes Instrument geeignet, den Gesang der Gemeinde zu unterstützen. Im Turm der Kirche befinden sich die Glocken: Sie hängen hoch, damit ihr Schall weit zu hören ist. Die Glocken sollen die Gläubigen zum Gottesdienst »rufen«. Das war vor allem früher wichtig, als die einfachen Leute noch keine Uhren besaßen. Das Geläut der Glocken kündigt an, daß bald der Gottesdienst beginnt. Die Glocken läuten auch morgens, mittags und abends und laden zum Gebet ein. Noch heute wird in kleineren Gemeinden durch die Totenglocke bekanntgegeben, daß jemand gestorben ist.

## Orden

Zu Zentren christlicher Kultur entwickelten sich die Klöster. Die ersten Ordensgemeinschaften entstanden bereits im 5. Jahrhundert und gingen auf Zusammenschlüsse von Eremiten zurück. Eremit heißt, aus der griechischen Sprache übersetzt, »Einsiedler«. Das sind Menschen, die ganz allein in der Einsamkeit des Waldes oder der Wüste leben und dort versuchen, Gott nahe zu kommen. Klöster hingegen sind religiöse Gemeinschaften, deren Mitglieder sich den Gelübden der Keuschheit, der Armut und des Gehorsams unterwerfen.

Der Orden der Benediktiner geht auf den Mönch *Benedikt von Nursia* zurück, der etwa von 480 bis 547 in Italien lebte. Benedikt gründete das Kloster Montecassiono und schrieb für seine Mönchsgemeinschaft eine (Lebens-)Regel, die sich später in allen christlichen Ländern verbreitete. Der wichtigste Leitspruch lautet: ora et labora (bete und arbeite).

Benediktiner, Trappisten, Karthäuser und andere Orden kümmern sich in erster Linie um Gebet, Liturgie und Betrachtung, betreiben außerdem Studien und haben in den Jahrhunderten vor Erfindung des Buchdrucks in ihren Schreibwerkstätten Sorge für die Weitergabe der Bibel und theologischer Literatur getragen. Andere Orden – wie Dominikaner oder Jesuiten – sahen ihre Aufgaben im caritativen Bereich, in der Erziehung und der Lehre. Die Franziskaner wurden im 13. Jahrhundert von dem Italiener *Franz von Assisi* gegründet. Franz befahl seinen Anhängern absolute Armut.

Insgesamt gibt es viel mehr weibliche Ordensangehörige als männliche. Aufgrund des allgemein schlechten Zustands in den Klöstern im Zeitalter der Reformation und wegen der nicht ausreichenden biblischen Begründung dieser Lebensform ist in der evangelischen Tradition das Ordensleben weitgehend verschwunden. Luther, zunächst selbst ein Mönch, verließ sein Kloster und heiratete eine Nonne. Im 20. Jahrhundert gab es jedoch einige Neugründungen evangelischer Ordensgemeinschaften. In der orthodoxen Kirche hingegen haben die Orden von jeher einen starken theologischen und liturgischen Einfluß. Weltberühmt ist der Athos, ein Berg, der nur von Mönchen bewohnt wird und nicht von weiblichen Wesen – Menschen wie Tieren – betreten werden darf.

# Die Feste im Jahreslauf

Taufe

Konfirmation

Ehe

Ordination

Buße

Krankensalbung

Abendmahl

Bestattung

## Sakramente

Die Kirche bezeichnet mit »Sakrament« ein Zeichen des Glaubens: Jesus Christus selbst wird als Ursakrament, die Kirche als Grundsakrament verstanden. Die biblische Begründung der Sakramente im Neuen Testament ist bisweilen schwierig. Deswegen erkennen die Kirchen der Reformation nur Taufe und Abendmahl als Sakramente an. Für Orthodoxe und Katholiken gehören auch Buße, Firmung (Konfirmation), Ehe, Weihe (Ordination) und Krankensalbung dazu. Als Amtshandlungen kennt diese natürlich auch die evangelische Kirche, dazu kommt die Bestattung. Einige der Amtshandlungen sind Passageriten, die wichtige Stationen und Einschnitte im Lebenslauf eines Menschen bezeichnen: Taufe, Firmung, Ehe oder Ordination. Sie können in der Regel nur einmal im Leben empfangen werden. Andere Sakramente dienen der kontinuierlichen Stärkung des Glaubens und werden in unterschiedlicher Intensität empfangen: das Abendmahl (Eucharistie) sonntäglich, die Buße bei Bedarf, und auch die Krankensalbung kann bei jeder schweren Erkrankung gespendet werden. Die Kirche schöpft aus einer Fülle von Symbolen: Farben der Gewänder, Körperhaltungen, Gesten der Hände, Gesang, Tanz und Schweigen; einfache Dinge wie Licht, Wasser, Brot, Wein, Öl werden in einen neuen Zusammenhang gestellt, mit religiöser Deutung ausgestattet.

## Taufe

Die Taufe ist das Sakrament, das einen Menschen zum Christen macht. Sie wird gemeinhin von einem Pfarrer in einem Taufgottesdienst, kann aber im Notfall von jedem Menschen gespendet werden, der es in rechter Absicht tut. Der eigentliche Akt ist das Übergießen des Täuflings mit Wasser und die dazu gesprochene Taufformel: »(Name), ich taufe dich im Namen des Vaters und des Sohnes und des Heiligen Geistes. Amen.« In der katholischen Liturgie gesellen sich ausdeutende Riten dazu: Der Täufling wird mit Öl, dem sogenannten »Chrisam«, gesalbt. Mit diesem Öl wurden in früher Zeit Könige gesalbt. Das soll heißen: Der Getaufte hat nun Anteil am Priester-, Propheten- und Königtum Christi. Er trägt ein weißes Kleid als Zeichen der Freude und es wird eine Taufkerze an der Osterkerze angezündet, als Teilhabe an Christus, dem »Licht der Welt«.

## Konfirmation

Evangelische Konfirmation und katholische Firmung – beide Begriffe kommen aus dem lateinischen Wort »confirmatio«, das »Befestigung« bedeutet. Die Konfirmation, als Segenshandlung während eines feierlichen Gemeindegottesdienstes vollzogen, hat verschiedene Akzente: Sie erinnert an die Taufe und fordert eine persönliche Entscheidung des heranreifenden Menschen für Christus, sie besiegelt die Mitgliedschaft in der Kirche mit der Erlaubnis, am Abendmahl teilzunehmen, und sie fordert zur Bejahung dieser Mitgliedschaft auf, indem Dienste in der Gemeinde übernommen werden. Wesen und Gestaltung der Konfirmation sind einem starken Wandel unterworfen. Für die Jugendlichen wird anläßlich dieses rituellen Übergangs in das Erwachsensein in der Regel ein großes Fest ausgerichtet.

Die katholische Firmung vermittelt – dem Glauben der Kirche nach – den Heiligen Geist. Zur Firmung zeichnet der Bischof dem Firmling mit Chrisam ein Kreuz auf die Stirn und spricht: »(Name), sei besiegelt durch die Gabe Gottes, den Heiligen Geist.«

## Ehe

Die auf Dauer angelegte Ein-Ehe von Frau und Mann ist keine Eigenart der Christen. Für Martin Luther war sie ein »weltlich Ding«. Die evangelische Trauung ist der Segen für die standesamtlich geschlossene Ehe. Die katholische Kirche hat das öffentliche Bekenntnis des Ehebundes als Zeichen des Glaubens akzeptiert: Die Liebe der Eheleute zueinander sei ein Abglanz der Liebe Christi zu seiner Kirche. Das Sakrament der Ehe spenden sich nach katholischer Lehre die Eheleute selbst, das heißt: gegenseitig. Im kirchlichen Ritus ist das Entscheidende die gegenseitige Konsenserklärung: »(Name), vor Gottes Angesicht nehme ich dich an als meine Frau/als meinen Mann«. Die Ehe wird aber kirchenrechtlich erst durch den Beischlaf der Eheleute »vollzogen«.

## Ordination

Die Ämter sind in den verschiedenen Kirchen unterschiedlich organisiert. Allgemein gibt es aber den Pfarrer als Leiter und Prediger einer Gemeinde, den Diakon als Helfer im sozialen Bereich und den Bischof als Leiter einer Landeskirche bzw. eines Bistums. Diese Hierarchie (»heilige Herrschaft«) steht im evangelischen Bereich Frauen und Männern offen; bei Katholiken und Orthodoxen bisher nur Männern. Die evangelische Ordination – darin steckt das lateinische »ordo« für Ordnung – ist eine Segenshandlung, die eine Bestätigung für die Befähigung zum Amt der öffentlichen Verkündigung darstellt. In der katholischen und orthodoxen Kirche hat die Weihe der Amtsträger sakramentalen Charakter.

## Buße

Die alte Kirche exkommunizierte schwere Sünder und ließ nach strenger, mehrjähriger Buße nur eine einmalige Wiederaufnahme zu. Im Laufe der Jahrhunderte wurde das Bußsakrament mehrmalig und dann immer häufiger gespendet. Heute ist es allerdings in der pastoralen Praxis relativ selten geworden. Das Bußsakrament ist eher unter dem Namen »Beichte« bekannt: Der Gläubige bekennt Gott seine Sünden und spricht sie vor einem Priester aus. Dieser sagt dem reuigen Katholiken die Vergebung Gottes zu: »*So spreche ich dich los von deinen Sünden. Im Namen des Vaters und des Sohnes und des Heiligen Geistes.*« Die Feier des Bußsakramentes kann im Beichtstuhl oder als Beichtgespräch an jedem geeigneten Ort stattfinden. Auch die evangelische Kirche bietet die Beichte als pastorales Angebot an.

## Krankensalbung

Dem Zeugnis des Neuen Testamentes nach kümmerte sich Jesus von Nazaret sehr um kranke Menschen; u. a. salbte er sie – wie in der Antike üblich – mit Öl. Die Kirche hat sich diese Sorge um Kranke in der Krankensalbung zu eigen gemacht. Dem Kranken werden Stirn und Hände gesalbt. Seit dem 2. Vatikanischen Konzil ist die Salbung eines Schwerkranken nicht mehr als »letzte Ölung« zu verstehen, die in früherer Zeit den nahenden Tod ankündigte. Die Krankensalbung findet ihrer Eigenart nach meist am Krankenbett statt; neuerdings werden aber auch Gottesdienste für alte und kranke Menschen in der Pfarrkirche angeboten. Die evangelische Kirche praktiziert zwar keine Krankensalbung, kennt aber das Krankenabendmahl, das am Bett des Kranken gefeiert werden kann.

## Abendmahl

Jesus Christus feierte am Abend vor seinem Tod ein Mahl und forderte seine Freunde auf: »*Tut dies zu meinem Gedächtnis*«. Seitdem feiern die Christen immer wieder in Erinnerung an ihren Herrn das Abendmahl. Wie aber die Worte Jesu – in Brot und Wein könne sein Fleisch und Blut genossen werden – zu verstehen sind, darüber gibt es vielerlei theologische Auseinandersetzungen. Für Protestanten ist das Abendmahl im Vollzug eine Erinnerung an Jesus, für Katholiken ein Mysterium: In den Gestalten von Brot und Wein sei Gott wahrhaftig anwesend, auch außerhalb des Gottesdienstes. Deswegen werden Reste des Abendmahls aufbewahrt und verehrt. Die katholische Bezeichnung des Sakramentes ist »Eucharistie«. Eucharistie heißt auf deutsch Danksagung. Die Messe ist eine Feier, die Gemeinschafts- und Gotteserfahrung ermöglichen soll.

## Bestattung

Die kirchlichen Bestattungsriten sind kein Sakrament, denn ein solches kann einem Toten nicht gespendet werden. Die Trauerfeiern dienen der Fürbitte für den Verstorbenen, der Tröstung der Hinterbliebenen, der Stärkung des Glaubens an die Auferstehung und der Mahnung, stets der Endlichkeit des irdischen Lebens zu gedenken. So wird für denjenigen gebetet, der als Nächster dem Verstorbenen vor Gottes Angesicht folgen wird. Die Trauerfeier verläuft traditionell in drei Stationen: Zunächst wird in der Kirche ein Gottesdienst gehalten. Zweite Station ist eine kurze Andacht in der Friedhofskapelle, wo sich normalerweise der geschlossene Sarg befindet. Dieser wird dann in Prozession zum Grab geleitet. Dort findet die eigentliche Beisetzung statt. Angehörige und Freunde lassen eine Beerdigung meist mit einer kleinen gemeinsamen Mahlzeit ausklingen. Ziel dieser Treffen ist, die Erfahrung zu machen: Das Leben geht weiter.

Sonntag

Advent

Weihnachten

Passionszeit

# Das Kirchenjahr

Palmsonntag

Gründonnerstag

Karfreitag

Osternacht

Christi Himmelfahrt

Pfingsten

Trinitatis

Reformationsfest

Allerheiligen

Allerseelen

Buß- und Bettag

## Heilige Zeiten

Feste sind eine Unterbrechung des Alltags. In persönlichen Festen wird die Wichtigkeit einer Lebenssituation verdeutlicht. Regelmäßig wiederkehrende Feste erinnern an Ereignisse der Heilsgeschichte und werden so gefeiert, als ob das Vergangene wieder Gegenwart sei. Der wöchentliche Feiertag stärkt die Gemeinschaft und ernährt den Glauben. Das Kirchenjahr entspricht dem Wunsch, das Leben des Jesus von Nazaret historisierend zu fassen. Profangeschichte, in der historisch Faßbares geschah, wird als Heilsgeschichte betrachtet: Das Geschehene war Gottes Eingreifen in die Welt. Das wird symbolisch dargestellt.

## Sonntag

Es war der erste Tag der jüdischen Woche, als Frauen in Jerusalem das Grab Jesu leer vorfanden. So hat sich der Sonntag als besonderer Gedenktag der Auferweckung Christi herausgebildet. Schon die ersten Generationen der Christen trafen sich am Sonntag zum gemeinsamen Mahl, zum Hören der Worte der Heiligen Schrift. Heute teilt sich die Christenheit in viele Kirchen und Gemeinschaften. Alle verbindet aber über die Grenzen der Konfessionen und Kontinente hinweg der Glaube an den Einen Gott. An jedem Sonntag wird dieser Glaube im Gottesdienst mit Gebeten, Liedern und Verkündigung des Evangeliums gefeiert. Das stärkt die Christen untereinander und verbindet sie mit Gott, dem Grund ihres Glaubens.

## Advent

Das aus dem Lateinischen kommende Wort Advent wird mit »Ankunft« übersetzt. Es geht um die Ankunft des Herrn, wobei die Bedeutung von Advent sowohl »wird kommen« als auch »ist gekommen« umfaßt.

Die Adventszeit hat drei Dimensionen: Zum einen werden die Christen in die Lage der Menschen vor mehr als 2.000 Jahren versetzt, die das Kommen des verheißenen Messias erwarteten. Die Sehnsucht nach dem Erlöser, der von Propheten angekündigt wurde, drückt sich beispielsweise in vielen Liedern dieser Zeit aus. Für Christen ist der Retter bereits erschienen, und doch warten sie noch auf die Vollendung der neuen Welt. Sie wird geschehen, wenn der Christus wiederkehrt. Die Erinnerung daran ist der zweite Aspekt des Advents. Die ersten Generationen der Christen waren übrigens von einer nahe bevorstehenden Wiederkehr Jesu Christi überzeugt. In den urchristlichen Abendmahlsliturgien beteten sie »Maran atha« (aramäisch): Unser Herr, komm! (siehe 1. Kor 16,22 und Offb 22,20) Schließlich lädt der Advent ein, sich innerlich auf das nahende Weihnachtsfest vorzubereiten und den lebendigen Gott wieder neu in das konkrete Leben einzulassen.

Die knapp vierwöchige Adventszeit hat sich erst im Laufe der Jahrhunderte herausgebildet. Sie ist einerseits vom Bußcharakter geprägt, andererseits eine Phase freudiger Erwartung. Mit dem ersten Advent beginnt ein neues Kirchenjahr: Auftakt für die Abfolge der gemeinschaftlichen Erinnerung an die Lebensstationen und Heilstaten Christi.

Die Vorbereitungszeit auf Weihnachten hat eine Reihe von Bräuchen hervorgebracht. Neben lokalen Traditionen hat sich vor allem der Adventskranz durchgesetzt. Die genaue Herkunft des Adventskranzes ist nicht völlig geklärt. Sehr wahrscheinlich geht er auf einen Brauch zurück, der im »Rauhen Haus« in Hamburg, dem Zentrum der evangelischen Diakonieanstalt der »Inneren Mission«, zwischen den Weltkriegen entstanden ist. Dort steckte man auf ein Wagenrad vierundzwanzig Kerzen und zündete im Dezember jeden Tag eine mehr an. Dieser Brauch wurde von anderen aufgegriffen und verändert: nur vier Kerzen für die Adventswochen, statt für jeden Tag eine; ein geflochtener Kranz statt des Rades. Wie auch immer: Der

Adventskranz ist also noch relativ jung. Er verbindet religiöse und praktische Elemente. Der gewundene Kranz (von lat. corona = Krone) gilt als Symbol der Huldigung und weist auf den kommenden König hin. Die vier Kerzen, Sonntag für Sonntag eine mehr angezündet, sind zum einen als das aufgehende, heller werdende Licht zu deuten; dieses Lichtmotiv findet dann Weihnachten seinen Höhepunkt. Zum anderen sind die Kerzen als einfaches Zählmittel gedacht, das auch die kleinsten Kinder problemlos verstehen: Je mehr Kerzen brennen, umso näher ist das Fest.

Eher zufällig fällt in den Advent der Gedenktag des Bischofs *Nikolaus von Myra* am 6. Dezember. Die Tradition, am Vorabend Stiefel aufzustellen, damit Nikolaus sie über Nacht mit guten Gaben fülle, stammt schon aus dem Mittelalter und geht auf die Legende zurück, nach der Nikolaus drei armen Mädchen zu einer Mitgift und damit zur gewünschten Ehe verholfen hat. Die Reformation verlegte dann den Schenktermin vom Nikolaustag auf Weihnachten: Nicht der Nikolaus bringe die Gaben, sondern der Heilige Christ. Dieses theologische Ansinnen wurde zum Christkind, das beschert, verniedlicht. Später, gänzlich säkularisiert, entstand unter Beibehaltung des Schenkens und in Anlehnung an Nikolaus der Weihnachtsmann. Dieser verquickt in sich sowohl die kinderschreckende Sagengestalt Knecht Ruprecht als auch die Naturpersonifikation Väterchen Frost.

## Weihnachten

Weihnachten ist das christliche Fest schlechthin, obwohl es theologisch betrachtet eigentlich erst den zweiten Rang hinter Ostern einnimmt. Der Festinhalt ist die Geburt Gottes als Mensch auf Erden. Die ersten Generationen der Christen kannten das Weihnachtsfest noch nicht; als Jahresfest wurde nur Ostern begangen. Für die zweite Hälfte des 4. Jahrhunderts gibt es erste Quellen, die eine Feier der Geburt Jesu in Rom bezeugen. Von dort aus setzte sich das Fest rasch im Abendland durch. Warum wir Weihnachten am 25. Dezember begehen, wird sich heute nicht mehr mit der Berechnungshypothese belegen lassen, mit der man einst versuchte, anhand von abenteuerlicher Zahlenakrobatik den Geburtstag Jesu genau auszurechnen. Durchgesetzt hat sich die Ansicht, daß die Christen den Feiertag der Menschwerdung ihres Herrn bewußt auf das Fest des unbesiegten Sonnengottes gelegt haben: Der römischeKaiser *Aurelian* hatte im Jahre 274 offiziell das Fest *»natale solis invicti«* eingeführt und auf die Nähe der Wintersonnenwende gelegt. Die frühen Christen wollten mit der bewußten Wahl dieses Termins verdeutlichen, daß der Messias größer ist als der römische Sonnengott. In den östlichen Provinzen der Kirche entwickelte sich übrigens parallel zum Westen ein anderer Termin für die Feier der Geburt des Herrn, nämlich der 6. Januar. Es kam zwischen den Kirchen zu einem Austausch der Feste, so daß die römische Kirche heute beide Tage feierlich begeht. Streng betrachtet thematisiert Weihnachten das Kommen des Erlösers zu seinem auserwählten Volk, dem Volk Israel. Der 6. Januar heißt Epiphanie, die Erscheinung des Herrn: Christus ist der Messias aller Menschen, auch der »Heiden«, für die die Könige unterschiedlicher Hautfarbe als Symbol dienen. In den orthodoxen Kirchen ist der 6. Januar als *der* große Feiertag Tradition geworden, im Westen ist es der Dezembertermin geblieben. Weihnachten bedeutet soviel wie »geweihte Nächte« und wird bis zum 1. Januar gefeiert.

Noch bis vor ein paar Jahrzehnten hielt man gemeinhin die biblische Erzählungdes Weihnachtsgeschehens für einen Tatsachenbericht. Diese Vorstellung läßt sich wissenschaftlich nicht halten. Das heißt jedoch keineswegs, die Heilige Schrift würde lügen: Auch eine komponierte Geschichte kann Wahres ausdrücken. Dem Verfasser des Lukasevangeliums ging es darum, etwas über die Menschwerdung Jesu Christi auszusagen, nicht darum, Details mitzuteilen. Diese fromme Dichtung auch dem Schriftunkundigen darzulegen (als »*biblia pauperum*« = Bibel für die Armen), sie außerdem sinnfällig sichtbar zu machen, war und ist bis heute Absicht der figürlichen Weihnachtskrippen bzw. der Krippenspiele. Eine erste Erwähnung einer Krippe findet sich für das 8. Jahrhundert in der römischen Kirche Santa Maria Maggiore. Breitenwirkung hatte das im Jahre 1223 von Franz von Assisi in Greccio angeleitete Krippenspiel mit Armen und Bettlern aus der Umgebung. Krippendarstellungen in Kirchen wurden seither selbstverständlich; wiederum erst ab dem 18. Jahrhundert war das Aufstellen von Krippen auch in Privatwohnungen Mode geworden.

Genau läßtsich das Auftauchen des Christbaums nicht datieren. Schon im Mittelalter meinte der Volksglaube, Tannengrün schütze vor Dämonen. Es wurden dann ganze Tannen mit dem Stamm an der Decke aufgehängt; übrigens drehte man sie erst um, als im 18. Jahrhundert Kerzen an die Bäume kamen. Die Christen haben es verstanden, an sich heidnisches Brauchtum zu verchristlichen, das heißt, ihm eine christliche Deutung beizugeben: Der Christbaum steht mit seinen Kerzen für Christus, das Licht der Welt, erinnert mit seinen immergrünen Nadeln an das nie erlöschende Leben in Christus, symbolisiert sowohl den Paradiesbaum (Baum des Lebens) als auch das Holz des Kreuzes.

Ein in den letzten Jahren auch in städtischen Gebieten wieder aufblühender Brauch ist das Sternsingen: Am oder um den 6. Januar gehen als Drei Könige verkleidete Kinder von Haus zu Haus und segnen die Wohnung. Dazu schreiben sie auf den Balken der Eingangstür die Formel: C+M+B, umrahmt von der jeweiligen Jahreszahl. Die Buchstaben kürzen das lateinische 'Christus mansionem benedicat' ab: Christus segne dieses Haus. Das 2. Kapitel des Matthäusevangeliums spricht von einer unbestimmten Zahl Sterndeuter. Die fromme Legende schloß aus den erwähnten drei Gaben (Gold, Weihrauch und Myrrhe) auf drei Könige. Deren Namen wiederum wurden von der erwähnten Segensformel abgeleitet: C für Caspar, M für Melchior, B für Balthasar. Die Sternsingeraktionen werden heute mit Kollekten für Kinder in armen und bedrohten Lebensverhältnissen verbunden.

## Passionszeit

Die Passionszeit gilt der Vorbereitung auf Ostern. Doch noch davor hat sich im Laufe der Jahrhunderte eine andere Phase herausgebildet: Fasching bzw. Karneval, den man im Rheinland gar die »fünfte Jahreszeit« nennt.

Die Wortdeutungen beider Begriffe sind unklar. »Fasching« leitet sich vom mittelhochdeutschen »vaschanc« oder »vassang« ab und heißt wohl: »Ausschank des Fastentrunkes«. Zusammenhängend damit wird »Fastnacht« als »die Nacht vor dem Fasten« gedeutet. »Fasten« stammt vom althochdeutschen »fasti«, was »fest, stark, beständig« bedeutet; »fasten« hieße also »fest bleiben«. Die Fastnacht ist schon lange vor der Christianisierung als Vorfrühlings- und Fruchtbarkeitsfest gefeiert worden, was sich vielerorts noch im ländlichen Brauchtum zeigt, etwa in der Austreibung des Winters. Erst im 12. Jahrhundert begrenzte die Kirche diese Feiern auf den Zeitraum vor der Fastenzeit. Das Wort »Karneval« stammt aus dem 17. Jahrhundert und leitet sich aus dem lateinischen »carnevale« her, dessen Herkunft ungeklärt ist. Möglicherweise stammt es vom lateinischen »carrus navalis« (= Schiffskarren). Die Zeit der Schiffahrt war in der römischen Antike auf die Frühlings- und Sommermonate beschränkt. Zur Saisoneröffnung Mitte März führte man festliche Umzüge durch, in denen solche schiffsförmigen Prunkwagen mitgeführt wurden. Wahrscheinlicher ist aber die Ableitung vom lateinischen »carne«, (= Fleisch) und »levare« (= wegnehmen), oder von»carne vale« (etwa: Fleisch, lebe wohl!).

Und so war es denn auch: Karneval war der letzte große Schmaus vor der Zeit, in der kein Fleisch gegessen werden durfte. Das Narrentreiben beruht auf dem Brauch der »verkehrten Welt«, den es in vielen Kulturen gibt: Für eine bestimmte, festgelegte Zeit, werden die Machtverhältnisse umgekehrt. Die Kleinen beherrschen und verhöhnen die Großen. Noch heute werden vielerorts am Donnerstag vor Aschermittwoch (dem »Altweiberdonnerstag«) die Rathäuser »gestürmt«. »Narrenfreiheit« heißt also, alles aussprechen zu dürfen, auch die Wahrheit, ohne dafür zur Verantwortung gezogen zu werden. Dem liegt der Gedanke zugrunde, daß jemand, der »närrisch«, nicht bei Verstand, ist, nicht bestraft werden darf. Auffälligerweise feiern viel mehr Menschen Karneval und Fasching, als anschließend auch fasten ...

Ein vierzigtägiges Fasten ist seit dem Ende des 4. Jahrhunderts bezeugt. Die Zahl Vierzig besitzt in der jüdisch-christlichen Tradition einen hohen Symbolwert. Vierzig Tage und Nächte nämlich währte die Sintflut, der nur Noah samt seiner Arche entkam. Vierzig Tage war Elija zum Berg Horeb unterwegs und Mose auf dem Berg Sinai anwesend, um das Gesetz zu erhalten. Vierzig Jahre gar dauerte die Wüstenwanderung des erwählten Volkes der Israeliten. Jona predigte den Untergang der Stadt Ninive in vierzig Tagen. Schließlich weilte Jesus solange in der Wüste. Die Vierzig ist jeweils nicht als konkreter Zahlenwert zu verstehen, sondern als Zeichen. Sie steht symbolisch für Zeiten des Übergangs. Da am Sonntag als dem Tag der Auferstehung des Herrn nicht gefastet wird, ergab sich der Mittwoch vor dem 6. Sonntag vor Ostern als Beginn der Fastenzeit. Wir kennen den Tag als Aschermittwoch.

Schon fast tausend Jahre lang gibt es den Brauch, sich am ersten Tag der Fastenzeit Asche aufs Haupt zu streuen bzw. mit Asche ein Kreuz auf die Stirn zeichnen zu lassen. Asche ist in der Religionsgeschichte ein häufig vorkommendes Bild für Vergänglichkeit, ein Zeichen der Trauer, Buße und Reinigung. Israeliten und Ägypter, Griechen und Araber kennen das Symbol der Asche; es hat sich in unserer Zeit nur noch als Redewendung erhalten (»In Sack und Asche gehen«), weist jedoch damit auf die religiösen Wurzeln hin. Neben diesem Ausdruck der Buße erinnert die Asche an die Vergänglichkeit des irdischen Lebens, dem die Christen nicht verhaftet sein sollen: *»Bedenke, Mensch, daß du Staub bist und wieder zum Staub zurückkehren wirst«*, spricht der Spender. Die Asche wird aus jenen Palmzweigen hergestellt, die am Palmsonntag des Vorjahres das Kruzifix geschmückt haben. Sie werden verbrannt, gesegnet und mit Weihwasser gemischt.

In der frühen Kirche und im Mittelalter regelte die Tradition, wie und wann gefastet wurde. Auf Fleisch und Wein verzichtete man die gesamten vierzig Tage lang, nach der Halbzeit kamen auf die Verbotsliste Milch und daraus gewonnene Erzeugnisse wie Butter und Käse, dazu, außerdem Eier. Kirchliche Vorschrift ist heute nur noch das Vollfasten am Aschermittwoch und Karfreitag. Das heißt: An diesen Tagen soll eine Mahlzeit genügen. Kinder, Alte, Kranke, Schwangere und Menschen, die schwer arbeiten müssen, sind davon nicht betroffen.

## Palmsonntag

Auftakt der ereignisreichen Woche vor dem Osterfest ist der Palmsonntag. Er erinnert an den Einzug Jesu in Jerusalem. Diese Begrüßung wird in der katholischen Kirche sinnfällig nachgespielt: Vor der Kirche werden Palmzweige – in unseren Breitengraden wird meistens Buchsbaum verwendet – gesegnet. In feierlicher Prozession zieht die Gemeinde in das Gotteshaus. Palmzweige sind ein altes Attribut der Könige, ebenso ein Symbol des Friedens. *»Palmarum«* (wie die evangelische Bezeichnung offiziell lautet) ist jedoch nur die Einleitung zum eigentlichen Hauptthema: Das Christusgeheimnis läßt sich nicht auseinanderdividieren in einzelne Schritte oder voneinander unabhängige Geschehnisse – Leiden, Tod und Auferstehung des Herrn gehören zusammen wie die Feiertage Gründonnerstag, Karfreitag und die Osternacht.

## Gründonnerstag

Schon die frühe Kirche feierte am Gründonnerstag einen Gottesdienst. Höhepunkt war die Wiedereingliederung reuiger Sünder durch den Bischof. Wahrscheinlich kommt der Name des Tages, der seit dem 13. Jahrhundert so genannt wird – mittelhochdeutsch »grüene donerstac« –, von dem weitverbreiteten Brauch, an diesem Tag grüne Heilkräuter und grünes Gemüse zu essen. Im kirchliches Sprachgebrauch bedeutete »grün« vereinzelt auch »frisch, erneuert, sündlos«. Sehr zweifelhaft ist die Herleitung vom althochdeutschen »grun«, »Jammer, Unglück« oder von »grinan«, »den Mund verziehen, lachend oder weinend«. Die um Verzeihung bittenden Tränen der Schuldiggewordenen mischen sich mit der Freude der aufnehmenden Gemeinde. So nannte man den Tag auch »Antlaßtag« – Tag des Sündenerlasses –, Großer, Guter oder Hoher Donnerstag. Die lutherische Kirche nennt ihn »Tag der Einsetzung des Heiligen Abendmahls«.

Der Tag verbindet zwei Inhalte. Im ersten Teil des Gottesdienstes wird die Geschichte der Fußwaschung Jesu verlesen. Danach wäscht der zelebrierende Priester zwölf Gemeindemitgliedern die Füße. Diese Sitte hat sich im 7. Jahrhundert durchgesetzt. Der zweite Teil, die eigentliche Eucharistiefeier, ist die Vergegenwärtigung des letzten Abendmahles Jesu mit seinen Freunden.

Gründonnerstag und Karfreitag vermitteln den Eindruck, es gäbe eine eindeutige Chronologie der realen Ereignisse vor knapp 2.000 Jahren. Zwar berichten die Evangelien übereinstimmend vom Tod Jesu am Kreuz. Doch dieses historische Geschehen wird in theologische Entwürfe hineinkomponiert. Matthäus, Markus und Lukas, die Synoptiker, weichen in ihren zeitlichen Abläufen von Johannes ab. War nun das Abendmahl Jesu ein jüdisches Pessachmahl, wie es die Synoptiker darstellen? Johannes wählt eine andere Deutung. Nach seiner Terminierung wird Jesus exakt zu dem Zeitpunkt hingerichtet, als man im Tempel die Pessachlämmer schlachtet: Jesus ist nach ihm das »wahre Lamm«. Die Liturgie thematisiert ihrem Wesen nach solche Fragen nicht.

## Karfreitag

»Kara« ist das althochdeutsche Wort für »Kummer«, »karon« heißt »wehklagen«. Der Karfreitag steht ganz im Zeichen der Besinnung auf den Tod Jesu. Doch er ist nicht nur ein Tag der Trauer. Christen sind überzeugt, daß das Kreuz nicht allein ein Zeichen der enttäuschten Hoffnung, des vernichteten Lebens ist, sondern auch das des Heils. Dabei steht hier keine Leidensverherrlichung auf dem Programm. Wirklich »begreifen« läßt sich das Mysterium des Glaubens kaum, herantasten kann man sich erst aus österlicher Perspektive. In der protestantischen Tradition gilt der Karfreitag als höchster Feiertag. Der Gottesdienst wird mit Abendmahl gefeiert und kirchenmusikalisch reich ausgestattet. In der katholischen Kirche beginnt der Gottesdienst um 15 Uhr – der Tradition zufolge die Sterbestunde Jesu – und strahlt andächtige Würde aus: Orgel und Glocken schweigen.

Der Tag vor Ostern heißt nicht Ostersamstag, wie häufig irrtümlich gesagt wird, sondern Karsamstag. Er erinnert an die Grabesruhe des Herrn. Der Karsamstag ist ein stiller Tag ohne Gemeindegottesdienst.

## Osternacht

Übergang von der Karwoche zum Osterfest ist der Osternachtsgottesdienst, der entweder am Karsamstagabend oder am Ostersonntag in der Frühe stattfindet. Traditionell begann er, wie die Christmette, um Mitternacht. Weil das in den Gemeinden kaum praktizierbar ist, hat sich dieser Brauch nur noch in den Klöstern gehalten. Die Osternacht wird von der Lichtsymbolik bestimmt: Christus ist das wahre Licht, das die Nacht des Todes erhellt. Schon *Bonifatius* stieß auf germanische Frühlingsfeuer, die vom Sieg des Lichtes über die Dunkelheit zeugten. Draußen vor der Kirche versammeln sich die Gläubigen. An einem Feuer wird die Osterkerze entzündet. Die Osterkerze wird unter dem Wechselgesang »Christus, das Licht!« – »Dank sei Gott!« in die dunkle Kirche getragen. Im anschließenden Wortgottesdienst läßt man in bis zu neun Lesungen die gesamte Heilsgeschichte Revue passieren: angefangen von der Erschaffung der Welt über den Auszug des Volkes Israel aus Ägypten bis hin zum Evangelium vom leeren Grab. Glockengeläut und Orgelspiel zum Gloria betonen die Festlichkeit dieses Hauptgottesdienstes des Jahres. Taufanwärter wurden in alter Zeit zu Ostern getauft. Heute noch können in der Osternacht Taufen stattfinden, doch auch wenn niemand getauft wird, segnet man Wasser und verteilt es durch Besprengung der Gläubigen; das Taufversprechen wird so erneuert. Eine festliche Eucharistiefeier mit häufigen Halleluja-Rufen, die erstmals seit Aschermittwoch wieder erschallen, beendet die Messe.

Ostern war zwar immer schon das höchste Fest der Christen, doch in den ersten Jahrhunderten entbrannte ein heftiger Streit um den richtigen Termin. Die Kirchen Europas, Kleinasiens und Nordafrikas richteten sich nämlich nach unterschiedlichen Berechnungsmethoden. Manche hielten sich an das jüdische Pessachdatum, den 14. Nisan. Das jüdische Jahr hat jedoch einen eigenen Kalender, so fiel Ostern nicht immer auf einen Sonntag. Darauf jedoch legten andere Kirchen großen Wert. Auf besonderen Wunsch Kaiser Konstantins regelte das Konzil von Nizäa im Jahre 325 die Frage: Ostern sei immer am Sonntag nach dem ersten Frühlingsvollmond. So ist es heute noch. Während sich die Bezeichnung des Festes in anderen europäischen

Sprachen eindeutig am jüdischen Pessach orientiert (französisch: Pâques, italienisch: Pasqua, dänisch: Paaske, etc.), ist die Herleitung des deutschen Wortes Ostern umstritten. Ob sie mit einer Frühlingsgöttin Ostara zusammenhängt, ist fraglich. Eventuell stammt das Wort von »Osten«, also dem Tagesanbruch, der das Licht bringt.

Aus verschiedenen Ursprüngen stammen die beliebtesten Osterattribute Ei und Hase, die sich in unseren Breiten längst zum eierbringenden Osterhasen verschmolzen haben. Beides sind Fruchtbarkeitssymbole. Schon vor 5.000 Jahren aßen Ägypter und Perser zu ihren Frühlingsfesten bunt bemalte Eier. Und die Germanen brachten ihrer Frühlingsgöttin bunte Eier als Opfergabe dar. Eier dienten im Mittelalter als Zahlmittel für Pacht und Zins; Zahltag war neben St. Martin das Osterfest. Das Lehramt der Kirche hat sich die Eiersymbolik nie zu eigen gemacht, aber die Volksfrömmigkeit hatte keine Berührungsängste mit dem heidnischen Relikt.

Symbolik und Verzehr des Hasen haben eine lange Geschichte, die eng mit seiner wohlbekannten Fruchtbarkeit zusammenhängt. Schon im alten Griechenland war der Hase der Jagdgöttin Artemis heilig, und der Aphrodite, für die Liebe zuständig, wurde er als Fruchtbarkeitsopfer dargebracht. Die Römer versprachen sich vom Verzehr des Tieres ein Übergehen von dessen Fruchtbarkeit auf sie selbst. Die alten Germanen wiederum opferten Märzhasen bei ihren Riten.

## Christi Himmelfahrt

In den ersten Jahrhunderten beging die Christenheit noch kein eigenes Fest der Himmelfahrt Christi. Sie wurde zu Ostern gefeiert, wie auch Markus in seinem Evangelium Ostern und Himmelfahrt als einheitliches Ereignis sieht. Bereits um das Jahr 380 ist aber ein Himmelfahrtsfest bezeugt. Mit der Zeit wurde der Festtermin für Himmelfahrt – der lukanischen Tradition folgend – auf den 40. Tag nach Ostern verlegt. Die Frage ist nicht, wann genau Jesus zum Vater heimkehrte, sondern der Glaubenssatz, daß er es tat. Heute wird der Gedanke der Himmelfahrt als eine zeitbedingte Ausdrucksweise für die Auferstehung Jesu interpretiert. Die Himmelfahrt will als »Erhöhung« Jesu einen Gegenpol zu seiner »Erniedrigung« durch den Verbrechertod darstellen.

## Pfingsten

Unser deutsches Wort »Pfingsten« leitet sich vom griechischen »pentekoste« ab, was »der 50. Tag« bedeutet. An diesem 50. Tag nach Ostern, dem jüdischen Wochenfest, empfingen die Freunde Jesu und seine Mutter Maria, dem zweiten Kapitel der Apostelgeschichte nach, den Heiligen Geist. Derart gestärkt wagte sich die zuvor verschreckte Gruppe wieder unter die Leute und begann, der versammelten Schar der Festtagspilger in Jerusalem die gute Nachricht zu verkünden: Jesus ist der erwartete Retter, der Messias. Dieses erste öffentliche Bekenntnis empfindet die Kirche als ihre Geburtsstunde – somit wird Pfingsten zum Geburtstag der Kirche.

## Trinitatis

Das Bekenntnis zur Dreifaltigkeit (lat. Trinität) gehört zu den grundlegenden Dogmen des christlichen Glaubens. Dabei hat sich der Glaube an Gott, den Vater, den Sohn und den Heiligen Geist erst entwickelt und ist biblisch nicht eindeutig belegt. Die frühen Christen, die sich zu Jesus als den Messias bekannten, mußten die Frage klären, in welchem Verhältnis der Christus zu Gott steht. Während der Priester Arius und seine Anhänger, die Arianer, behaupteten: Jesus, das »Wort« Gottes, sei von Gott geschaffen und stünde als Teil der Schöpfung unter Gott, entschieden die Konzilien von Nizäa im Jahr 325 und Konstantinopel 381: Der Sohn ist »wesensgleich« mit dem Vater – also von göttlicher Natur. In der Ostkirche betet man bis heute zu Gott, dem Vater durch Christus im Hl. Geist, während Katholiken und Protestanten ihr Gebet im Namen der drei göttlichen »Personen« vollziehen: im »Namen des Vaters und des Sohnes und des Heiligen Geistes«.

## Reformationsfest

Am 31. Oktober 1517, dem Vortag von Allerheiligen, folgte Martin Luther einem akademischen Brauch und schlug an der Schloßkirche zu Wittenberg ein Thesenpapier an. Seine 95 Thesen zu Ablaß und Buße sollten zur Diskussion unter den Gelehrten der Stadt anregen. Dieses Ereignis wurde später als eigentlicher Auslöser der Reformation betrachtet. Schon im Reformationsjahrhundert entstand der Wunsch, das mit einem Jahrestag zu begehen. Kurfürst *Georg II. von Sachsen* ordnete im Jahre 1667 den 31. Oktober für sein Land an, die anderen Länder zogen bald nach. In Gottesdiensten und anderen Veranstaltungen besinnen sich die evangelischen Gemeinden auf ihr reformatorisches Erbe.

## Allerheiligen

Das Apostolische Glaubensbekenntnis spricht von »der Gemeinschaft der Heiligen« und meint damit die Gemeinschaft aller, die von Gott aus Gnade geheiligt wurden. Dennoch kennt die Kirche die Verehrung von Menschen, die sich durch außergewöhnliche Eigenschaften, wie Ausdauer, Mut, Großzügigkeit, Askese, Frömmigkeit oder Leidensbereitschaft, zu Vorbildern für alle Christen gemacht haben. Sie wurden nicht als Heilige geboren, sondern sind in der Regel über lange Jahre hinweg zu heiligen Persönlichkeiten gereift. Ihre Lebensbeschreibungen sind oft von

Legenden überwuchert, die modernen Menschen die Heiligen eher fremd erscheinen lassen. Zudem neigen sie dazu, die Schwächen und Fehler der Heiligen zu verschweigen. Dabei kam ihre vorbildliche Motivationsfunktion eher zum Zuge, wenn sie uns als Menschen »wie du und ich« vorgestellt wurden, die jedoch all ihre Kräfte zusammennahmen und so über das Mittelmaß hinausgelangten.

Ein Allerheiligentag kam im 8. Jahrhundert von Irland und England zum Festland, verbreitete sich rasch und wurde im 9. Jahrhundert für die römische Kirche verbindlich vorgeschrieben. Termin ist der 1. November. Den Heiligen gilt die Verehrung der Christen, nicht aber ihre Anbetung, die allein Gott gebührt, von dem alle Heiligkeit ausgeht und zu dem sie wieder hinführt.

## Allerseelen

Dem Bedürfnis, sich des Auferstehungsglaubens für die konkreten Verstorbenen zu vergewissern, kommt der Allerseelentag entgegen. Es wird an diesem Tag für alle Verstorbenen, vor allem für jene des vorausgegangenen Jahres, gebetet. Liturgie und Verkündigung stellen die Botschaft der Auferstehung und Vollendung durch Christus in den Mittelpunkt. Der katholische Totenkult der Gläubigen ist regional unterschiedlich; allen gemein ist das Anzünden von Lichtern auf den Gräbern, die an diesem Tag mit Weihwasser gesegnet werden. Aus praktischen Gründen (Allerseelen, am 2. November, ist kein gesetzlicher Feiertag) wird die Gräbersegnung in den meisten Fällen am Nachmittag von Allerheiligen vorgenommen.

Am letzten Sonntag im Kirchenjahr gedenken die evangelischen Christen der Toten. Im Gottesdienst werden die Namen der Verstorbenen des letzten Jahres verlesen; es kann auch auf dem Friedhof eine Andacht stattfinden. Die Gräber sind geschmückt. Der Totensonntag – kirchenoffiziell wird er Ewigkeitssonntag oder Gedenktag der Entschlafenen genannt – geht auf eine Anordnung des preußischen Königs *Friedrich Wilhelm II.* aus dem Jahre 1816 zurück und ist eine Art protestantisches Gegenstück zum Allerseelentag.

## Buß- und Bettag

Bußtage trugen ursprünglich öffentlichen Charakter: Alle Gläubigen wurden angesichts von Gefahren oder Notständen zu Umkehr und Reue aufgerufen. Mit der Zeit wurde der Bußgedanke individualistischer ausgerichtet; der Einzelne steht selbstprüfend vor Gott. Seit 1893 wird der Buß- und Bettag von den meisten evangelischen Landeskirchen am Mittwoch vor dem letzten Sonntag nach Trinitatis begangen. Traditionell wird ein Abendmahlsgottesdienst gefeiert. 1995 fiel dieser staatlich anerkannte Feiertag (außer in Sachsen) der Finanzierung der Pflegeversicherung zum Opfer.

Franz von Assisi

Martin Luther King

Mutter Teresa

# Persönlichkeiten des Glaubens

Franz von Assisi gilt als einer der faszinierensten Gestalten der Kirche, zeigt er doch mit seiner Geschichte, zu welch dramatischer Wendung des Weges und beeindrukkendem Lebensstil ein Mensch fähig ist, wenn er sich von Gott berühren läßt. Im Jahr 1181 (oder 1182) wurde er als Giovanni (Johannes) Bernadone im umbrischen Assisi geboren. Weil seine Mutter Französin war, nannte man ihn schon als Kind »Francesco« – der kleine Franzose. Der Vater war ein wohlhabender Tuchhändler, und so lebte Franz ein ausschweifendes Leben. Die Begeisterung für das Ritterleben führte ihn 1202/03 in den Krieg mit der Nachbarstadt Perugia; dort wurde er allerdings ein Jahr gefangen gehalten und kehrte verändert heim.

Im Alter von 25 Jahren erlebte Franz seine religiöse Wende, brach mit seinem Elternhaus und lebte fortan in radikaler Armut. Zunächst verbrachte er zwei Jahre als Einsiedler, dann schlossen sich ihm Gleichgesinnte an; die »Gemeinschaft der Minderen Brüder« entstand 1209 und breitete sich rasch aus. Die Brüder waren missionarisch aktiv und kamen 1219 sogar bis nach Ägypten. Das franziskanische Programm hat immer wieder Glaubende fasziniert, aber auch Menschen überzeugt, die seine religiöse Grundlage des absoluten Vertrauens in Gott nicht teilten: Armut – um ganz frei zu sein, Pazifismus – weil Gewalt keine Probleme löst und schließlich die Verbundenheit mit der Umwelt – weil wir die Erde brauchen. Dieser Aspekt wurde vor allem im 20. Jahrhundert betont. So ist Franziskus zu einem Patron der Ökologiebewegung geworden und hat ökologische Fragen zu innerkirchlichen, ja religiösen Themen gemacht. »Schon 1228 sprach man Franziskus heilig, der über die konfessionellen Grenzen der katholischen Kirche hinweg als Beispiel der Nachfolge Christi Anerkennung findet.«

## Martin Luther King

Als Sklaven waren afrikanische Frauen und Männer vor über 350 Jahren nach Nordamerika verschleppt worden. Sie wurden von Sklavenhaltern wie ein Gegenstand gekauft, mußten ohne Lohn für sie arbeiten und hatten keinerlei persönliche Freiheit. In der Mitte des 19. Jahrhunderts war die Sklaverei zwar offiziell abgeschafft, doch wurden »Schwarze» von den »Weißen« noch hundert Jahre danach unterdrückt. Im Linienbus mußten sie hinten einsteigen und Weißen den Sitzplatz räumen. Im Park gab es getrennte Bänke für Weiße und Schwarze. Die Schulen waren getrennt in schwarz und weiß, sogar im Kino die Toiletten ...

Gegen diese Ungerechtigkeiten erhob ein junger Mann seine Stimme, der selbst betroffen war: der evangelische Pastor Martin Luther King (geboren am 15. 1. 1929). Natürlich war er nicht der einzige, der etwas verändern wollte. Aber sein Weg war außergewöhnlich. Wie der Inder Mahatma Gandhi wollte er ohne Gewalt die Rechte unterdrückter Menschen durchsetzen. Er organisierte große Demonstrationen – mit bis zu 250.000 Teilnehmern! – und rief unermüdlich zur Gewaltfreiheit auf. 1964 ehrte man seinen friedlichen Einsatz für die Gerechtigkeit mit dem Friedensnobelpreis. Seine Mühen trugen schließlich Früchte. Viele begannen sich dafür einzusetzen, daß schwarze und weiße Bürger die gleichen Rechte erhielten, wenngleich sich die Umsetzung schwierig gestaltete. In der Sache hart, im Umgang versöhnlich: Trotzdem wurde Martin Luther King ein Opfer seiner Gegner. Am 4. April 1968 erschoß ihn ein Weißer. Der Mann, der zum »Symbol der Brüderlichkeit« geworden war, starb im Alter von 39 Jahren. Heute ist sein Todestag in den USA ein Staatsfeiertag.

## Mutter Teresa

Sie wurde schon zu Lebzeiten wie eine Heilige verehrt; Katholiken und Christen anderer Konfession, sogar Nicht-

Christen bewunderten ihren Einsatz für die »Ärmsten der Armen«. Was diese Frau geschafft hat, ist bemerkenswert: 1910 wurde sie in einer makedonischen Bauernfamilie in Skopje geboren. Als Achtzehnjährige trat sie in Indien in einen Schwesternorden ein, verließ das wohlbehütete Kloster jedoch nach Jahren wieder, um sich in den Straßen Kalkuttas um die Sterbenden kümmern zu können. 1950 gründete sie ihren eigenen Orden, die »Missionarinnen der Nächstenliebe«. Dazu gehören mehrere tausend Frauen aus aller Welt, Krankenschwestern, Ärztinnen, Hebammen, Lehrerinnen und andere. Sie sind da, wo Not herrscht: Aus den Mülltonnen werden die verstoßenen Kinder geborgen, Rauschgiftsüchtigen bieten sie Hilfe an, geben Hungernden etwas zu Essen und Nichtseßhaften ein Dach über dem Kopf. Tätig sind die Schwestern in vielen Ländern, auf Kuba und in Berlin, genauso wie in New York und natürlich in Indien, wo die Gemeinschaft ihren Sitz hat. Mutter Teresa fragte einmal bei einem Vortrag in Europa ihr Publikum: *»Kennt Ihr die Armen eurer Stadt?«* Die Friedensnobelpreisträgerin vom Jahre 1979 war eine tiefreligiöse Frau. Aus dem täglichen Gebet und der Feier der Messe schöpfte sie Kraft für ihren Dienst. Sie erwartete von ihren Mitschwestern das, was sie selbst zu geben bereit war: vollkommene Hingabe. Die Selbstlosigkeit dieser 1997 gestorbenen Frau fand nicht nur Anerkennung, sondern wurde auch kritisiert. Ihr Zeugnis aber bleibt.

# Nachwort

Der Begriff »christlich« ist nicht rechtlich geschützt. Das Christentum ist großen Veränderungen unterworfen. Die Fähigkeit zu Veränderung und Anpassung gehört aber zu den typisch christlichen Eigenschaften: Auf der Grundlage des jüdischen Glaubens entstanden (Monotheismus); durch griechische Philosophie theologisiert (Gotteslehre); nach römischem Vorbild organisiert (Hierarchie); durch Anleihen aus Ägypten (Muttergotteskult), Persien (Dualismus von Gut und Böse) und Polytheismen (Heiligenverehrung) beeinflußt – die Flexibilität des Christentums, Gedanken- und Glaubensgut ins eigene System zu integrieren, machte diese Religion so »erfolgreich«.

Jesus brachte seine Botschaft einer vormodernen Gesellschaft am Rande der Welt. Um sie für die Menschen in der computergesteuerten, aufgeklärten und entzauberten Plastikwelt von heute hörbar zu machen, muß sie im Prozeß der Veränderung bleiben. Die Bilder von Gott haben sich so sehr verändert, wie kaum eine andere menschliche Idee. Aber die Sehnsucht nach Gott, nach Religion, nach dem Transzendenten ist ungebrochen. Das Christentum steht vor der Aufgabe, die Balance zu halten zwischen der Macht der Überlieferung und dem Sog der fortschrittlichen Welt. Vom »Markt der religiösen Anbieter« zu verschwinden, davor braucht sich das Christentum nicht zu fürchten. Wohl aber macht es die zunehmende Aufsplitterung der Kirchen und ihrer Theologien schwieriger, im Konzert wahrgenommen zu werden. Bei allen aufgezwungenen oder selbst veranlaßten notwendigen Wandlungen in der Rede von Gott, in der Theologie, der Liturgie, dem Aufbau der Kirche sind Christen letztlich nicht weiter als schon der Kirchenschriftsteller Tertullian (gestorben um 220), der bekannte: *»Ich glaube, weil es absurd ist.«* Wie dieser aber sind die Christen bis heute überzeugt, daß das Wort ihres Herrn Bestand haben wird:

*»Freuen dürfen sich alle, die nur noch von Gott etwas erwarten – mit Gott werden sie leben in seiner neuen Welt.«* (Mt 5,3–12)

## Weiterführende Literatur

*Der Glaube:*

Augustinus: Bekenntnisse, Stuttgart 1997

Evangelischer Erwachsenenkatechismus – Kursbuch des Glaubens, Gütersloh 1989

Katechismus der Katholischen Kirche, München und Leipzig 1993

Kee, Howard Clark: Was wissen wir über Jesus? Stuttgart 1993

Kehl, Medard: Hinführung zum christlichen Glauben, Mainz 1995

Küng, Hans: Existiert Gott? Antwort auf die Gottesfrage der Neuzeit, München 1992

Luther, Martin: Der große Katechismus, Gütersloh 1995

Neuner, Josef/Roos, Heinrich: Der Glaube der Kirche in den Urkunden der Lehrverkündigung, Regensburg 1992

Rahner, Karl/Vorgrimler, Herbert: Kleines theologisches Wörterbuch, Freiburg/Basel/Wien 1994

Schwikart, Georg: Zweifle dich durch – Lust auf Religion, München 1994

Theißen, Gerd: Argumente für einen kritischen Glauben oder: Was hält der Religionskritik stand? München 1994

Zahrnt, Heinz: Die Sache mit Gott, Die protestantische Theologie im 20 Jahrhundert. München 1993

Zink, Jörg: Was Christen glauben, Gütersloh 1999

*Die Bibel:*

Die Bibel. In der Übersetzung nach Martin Luther. Deutsche Bibelgeslellschaft, Stuttgart 1999

Die Bibel, Einheitsübersetzung, Katholisches Bibelwerk, Stuttgart 1999

Grabner-Haider, Anton (Hg.): Praktisches Bibellexikon, Freiburg/Basel/Wien 1992

*Die Kirchengeschichte:*

Brendler, Gerhard: Martin Luther, Theologie und Revolution, Köln 1983

Dülmen, Andrea von: Luther-Chronik, München 1983

Franzen, August: Kleines Kirchengeschichte Wörterbuch, Freiburg/Basel/Wien 1992

Kleines Lexikon der Reformation: Themen, Personen, Begriffe; München 1983

Plöse, Detlef/ Vogler, Günter (Hgg.): Buch der Reformation – Eine Auswahl zeitgenössischeer Zeugnisse (1476–1555), Berlin 1989

*Die Kirche:*

Blail, Gerhard: Meine evangelische Kirche, Stuttgart 1996

Huber, Wolfgang: Kirche in der Zeitenwende, Gütersloh 1999

Krüger, Hanfried (Hg.): Ökumenelexikon. Kirchen, Religionen, Bewegungen, Frankfurt am Main 1987

*Die Feste im Lebenslauf:*

Berger, Rupert/Adam, Adolf: Kleines Liturgisches Lexikon, Freiburg/Basel/Wien 1999

Boff, Leonardo: Kleine Sakramentenlehre, Düsseldorf 1998

*Kirchenjahr:*

Biertz, Karl-Heinrich: Das Kirchenjahr. Die Feste, Gedenk- und Feiertage in Geschichte und Gegenwart, Berlin, 1998

Schwikart, Georg (Hg.): Materialbücher: Bd.1 Advent und Weihnachten; Bd.2 Fastenzeit, Ostern und Pfingsten; Bd.3 Feste im Jahreskreis, Mainz 1994-99

*Persönlichkeiten des Glaubens:*

Schauber, Vera/Schindler, Michael: Heilige und Namenspatrone im Jahreslauf, Augsburg 1998